Copyright ©2023 por Jess Connolly
Todos os direitos reservados por Vida Melhor Editora LTDA.

As citações bíblicas são da *Nova Versão Internacional* (NVI), da Bíblica, Inc., a menos que seja especificada uma outra versão da Bíblia Sagrada.

Os pontos de vista desta obra são de responsabilidade de seus autores e colaboradores diretos, não refletindo necessariamente a posição da Thomas Nelson Brasil, da HarperCollins Christian Publishing ou de suas equipes editoriais.

Publisher	Samuel Coto
Coordenador editorial	André Lodos Tangerino
Editora	Brunna Prado
Produção editorial	Gisele Romão da Cruz
Preparação	Emanuelle Malecka
Revisão	Nilda Nunes e Elaine Freddi
Diagramação	Patrícia Lino
Capa	Gabê Almeida

Dados Internacionais de Catalogação na Publicação (CIP)
(BENITEZ Catalogação Ass. Editorial, MS, Brasil)

C762   Connolly, Jess
1. ed.   Liberte-se da vergonha do seu corpo: ouse reivindicar toda
       beleza da criação / Jess Connolly; tradução Andrea Filatro. –
       1. ed. – Rio de Janeiro: Thomas Nelson Brasil, 2024.

       256 p.; 13,5 × 20,8 cm.

       Título original: Breaking free from body shame: dare to reclaim
       what god has named good

       ISBN 978-65-5689-744-8

       1. Aparência pessoal. 2. Autopercepção – Aspectos religiosos –
       Cristianismo. 2. Corpo e imagem na mulher – Aspectos
       religiosos. 3. Mulheres – Aspectos sociais. I. Filatro, Andrea. II. Título.

03-2024/04   CDD 306.4613

Índice para catálogo sistemático:
1. Aparência pessoal: Mulheres: Sociologia   306.4613

Aline Graziele Benitez – Bibliotecária - CRB-1/3129

Thomas Nelson Brasil é uma marca licenciada à Vida Melhor Editora LTDA.
Todos os direitos reservados à Vida Melhor Editora LTDA.
Rua da Quitanda, 86, sala 601A — Centro
Rio de Janeiro — RJ — CEP 20091-005
Tel.: (21) 3175-1030
www.thomasnelson.com.br

Este livro foi impresso em 2024, pela Cruzado, para a Thomas Nelson Brasil.
O papel do miolo é pólen natural 70 g/m², e o da capa é couché 150 g/m².

JESS CONNOLLY

LIBERTE-SE DA VERGONHA DO SEU CORPO

Ouse reivindicar toda beleza da criação

Para a minha mãe, Deb Hopper

Ser criada à imagem do meu Pai me trouxe propósito e cura.

O fato de ele também me ter feito à sua semelhança me traz alegria.

Amo ver e atuar de um jeito mais parecido com o seu com o passar dos dias. Obrigada por fazer a parte difícil de me libertar para que muitos na nossa família, de geração em geração, possam simplesmente trilhar esses passos.

9	*Prefácio por Katherine Wolf*
11	*Introdução: Um alerta muito importante*
14	1. Por que a imagem do nosso corpo é uma questão espiritual
37	2. Uma nova mentalidade
65	3. Renomeando o que o mundo rotula como menos importante
92	4. O seu corpo não pertence ao mundo
112	5. A busca por um corpo "melhor"
142	6. O seu corpo não é um projeto
160	7. Restaurando o corpo a seu propósito original
186	8. O seu corpo não é o indicador de uma vida correta
209	9. Acolhendo o avivamento
229	10. O seu corpo não é um troféu
241	11. A liberdade começa hoje
253	*Colaboradores*
255	*Agradecimentos*

PREFÁCIO

Todas nós buscamos a beleza. Sempre buscamos alguém que nos veja, nos conheça e nos ame. Estamos todos em busca de Deus. Se ele se deu ao trabalho de assumir uma forma física para estar conosco, então a nossa busca por Deus deveria ser, em parte, encontrada por meio do nosso corpo. No entanto, como em muitas jornadas para encontrar o Senhor, não faltam obstáculos, a decepção chega ao extremo e as versões falsas do que estamos realmente procurando parecem tomar conta de nós a cada tentativa.

Não é de surpreender que, por meio do corpo e no corpo — essas avenidas de conexão com o Jesus encarnado feito homem —, frequentemente nos deparemos com aquilo que é diametralmente oposto ao que procuramos: feiura, insegurança, isolamento, autodesprezo e vergonha. Queridas leitoras, essas experiências dolorosas não precisam ser a soma das narrativas que giram em torno do nosso aspecto físico. Nas páginas deste livro, a minha amiga Jess e muitas outras mulheres nos guiam com coragem rumo a um final diferente, que é, na verdade, um novo começo.

Conheci Jess pessoalmente alguns anos atrás — provavelmente bem no início do tempo de renovação e revitalização pessoal que pavimentou o caminho para este livro. O que ela e Deus estavam criando com sua imagem corporal naquele período transbordou e alcançou outras pessoas que Jess encontrou pelo caminho. Pessoas como eu. Surgiu, então, uma grande admiração da minha parte, e começou a se formar uma amizade profunda. Ela me ajudou a abandonar a vergonha que eu sentia a respeito da beleza, antes mesmo de eu perceber que precisava disso;

e sua sabedoria duramente forjada e cheia de fé continua a iluminar o caminho que tenho pela frente, assim como o de muitas outras mulheres.

Quando nos conhecemos, eu estava vivendo com o meu novo corpo, que é altamente deficiente, havia seis anos. Eu havia sido uma mulher confiante e extrovertida do sul dos Estados Unidos e uma jovem cristã comprometida. Alta, loira e barulhenta, eu era uma modelo comercial conhecida na imprensa e vencedora de vários concursos de beleza, uma apaixonada pelo teatro e também uma palestrante. Ainda assim, desde que me lembro, eu me atormentava com a insegurança e a vergonha do meu corpo. Então, do nada, com apenas 26 anos, recém-casada e mãe, o meu corpo foi dizimado por um derrame cerebral que me levou a uma cirurgia de dezesseis horas. Despertei para uma nova realidade com deficiências graves para toda a vida — incapacidade de andar e de dirigir, visão dupla dos objetos, surdez, uma corda vocal insensível, um rosto parcialmente paralisado e novas camadas de insegurança e vergonha.

Contudo, independentemente da profundidade da nossa dor e das cicatrizes pessoais que carregamos, ainda existe esperança de redenção. Este livro me trouxe lágrimas esperançosas de reconhecimento e uma renovada postura aberta de libertação. As palavras de Jess e as histórias de outras mulheres revigoraram a minha crença de que estamos sendo libertas apesar das nossas lutas com o corpo e por causa delas. Essa renovação é da alma, mas se manifesta de forma deslumbrante pelo nosso eu físico. O processo é tão individual como a beleza do nosso próprio corpo, porém a cura é mais poderosa quando acontece em grupo. Junte-se a nós. Será glorioso.

Com você nesta viagem,
Katherine Wolf

INTRODUÇÃO: UM ALERTA MUITO IMPORTANTE

Olá, amiga!

Quero dizer a você algo realmente importante agora, no início desta conversa: creio que o seu corpo já foi fustigado o bastante. Uma das definições para fustigar é "estimular para a ação", ou provocar; em geral, não somos provocadas a ter uma atitude positiva, mas somos instigadas por sugestões e estímulos fundamentados na vergonha, por parte de um mundo que almeja perfeição. O nosso corpo raramente é incentivado a ocupar um lugar — espiritual, físico ou emocional — no qual temos a permissão e a coragem de ser quem já somos.

Sei que você e eu, justamente por sermos mulheres que vivem em um mundo degradado, fomos fisicamente rotuladas, julgadas, feridas e envergonhadas pelo nosso inimigo mortal e por outras pessoas também. Creio que a cura está em Jesus Cristo, mas não creio que a cura à qual temos acesso nos priva da dor que qualquer uma de nós tem experimentado.

Pelo fato de eu acreditar que o seu corpo já passou por dores suficientes, espero e oro para que este livro não inflija mais mágoas a você. Na verdade, a minha esperança e oração são para que você passe pelos capítulos, um a um, sem ser levada, seja pela linguagem ou pelas histórias e ensinos, a sentir mais dor ou vergonha. Oro para que este livro seja um lugar de compreensão e conforto, uma luz intensa e radiante até Deus, que nos criou perfeitas, que resgata cada área da nossa vida e que oferece o bálsamo de cura pelo poder do Espírito Santo. Por esse motivo, parte deste escrito pode parecer, às vezes, mais ineficaz do que você esperava. Algumas das histórias pessoais que conto podem parecer amenas quando comparadas aos momentos que você tem vivido. Talvez você me veja reconhecer, mas não abordar, algumas das possibilidades mais extremas no que se refere à dor que causamos ou que outras pessoas nos tenham infligido. Não pense que não quero cuidar de você nesses momentos, tampouco que quero ser vaga. Na verdade, quero que este livro seja uma leitura segura, sem que você tenha a possibilidade de reviver momentos ou recordações incrivelmente dolorosas. Além disso, sei que um livro em si é um espaço incrível para começar uma conversa e provocar um despertar, mas nunca substituirá o tratamento face a face e pessoal.

Também estou plenamente ciente de que as minhas experiências e perspectivas são apenas isto: minhas. Não são abrangentes no sentido de falar por você nem podem refletir o que você viveu. Por esse motivo, convidei outras mulheres para participar da nossa conversa, a fim de termos uma visão mais ampla do que pode significar crer que o nosso corpo é algo bom. Você encontrará a biografia das minhas convidadas ao final do livro. Essas mulheres representam diferentes etnias, espaços socioeconômicos e idades, além de perspectivas distintas na caminhada com Jesus. Da mesma forma, não espero que elas falem por você, mas que aprendamos juntas à medida que Deus fala por meio de muitas de nós a respeito do nosso corpo.

O seu corpo é algo bom. Creio que podemos aceitar essa verdade porque foi Deus quem a afirmou. Assim, se o seu corpo

Introdução: um alerta muito importante

sofre dor — imputada por você ou por qualquer outra pessoa
—, encorajo-a a buscar imediatamente ajuda e cura.
Uma coisa prometo: estou no seu time e na sua área. Creio
que Deus é poderoso em você e que a cura é real. Mal posso
esperar para ter você ao meu lado nesta jornada em direção
à liberdade!

Que a graça nos guie e a visão nos conduza,
Jess

1.

POR QUE A IMAGEM DO NOSSO CORPO É UMA QUESTÃO ESPIRITUAL

Estou feliz por você estar aqui comigo. Creio que a cura é acessível para todas nós, mulheres. Creio que a nossa cultura está madura para uma renovação no que se refere a enxergar o corpo à luz do reino de Deus. Estou orando por você, cara leitora. Vamos começar.

Eu estava no banco de trás do carro de um dos meus pais; não consigo me lembrar de qual deles.

Era o início da década de 1990, e os cintos de segurança pareciam mais frouxos e negociáveis naquela época; por isso, eu estava deitada do lado esquerdo, olhando para o chão, que estava abarrotado com materiais para uma viagem com crianças: livros para colorir, giz de cera, alguns pequenos brinquedos de plástico. O sol quente do Sul batia nas partes do meu corpo que não estavam encostadas no tecido do assento, e o calor esquentava a minha pele, a camiseta de algodão e os meus *shorts*. Na época, eu estava prestes a completar nove anos de idade.

Tínhamos acabado de sair da festa de casamento de um familiar, e havia sido *divertido*. Muito divertido. Bebi daiquiris de morango sem álcool, dancei a "Electric Slide"[1] e nadei na piscina do hotel.

---

1 N. da T.: *Electric Slide* é um dos movimentos de dança mais populares nos Estados Unidos, frequentemente realizado em casamentos e clubes. A música original é um *hit* do disco chamado *Electric Boogie*, com coreografia lançada por Martha Griffith em 1990.

A minha mãe me deixou trocar de roupa no meio da festa, e dancei por horas enquanto ria com os meus primos de segundo, terceiro ou quarto grau que eu não encontrava havia muito tempo. Agora, estávamos voltando para casa, onde reinavam a segurança e o ritmo — as únicas duas coisas que eu amava mais do que daiquiris de morango sem álcool e piscinas de hotel.

No meio da diversão, porém, notei algumas coisas. Vi como os outros primos dançavam em seus trajes de casamento e, por algum motivo desconhecido, parecia que eu estava adornada com 10% a 15% a mais de pele e carne do que eles. Não sei por que, não sei como, mas no meu íntimo aquilo parecia errado.

Então, enquanto eu estava segura no casulo do banco de trás, peguei a minha mão e a segurei, esticada e reta, como uma faca, tensionando como se ela contivesse o poder da oração, da súplica e da perfeição. Posicionei-a em algum lugar entre o meu peito e minha axila direita, onde o sol aquecia a metade exposta do meu corpo, e comecei a desenhar deliberadamente uma linha pelo meu corpo.

A linha não seguia pelo meio, não me dividia na metade, mas cortava os 10% de fora — o excesso nas laterais do meu tronco superior, em seguida, o espaço suave na parte mais distante do meu estômago, e então descia pelas minhas coxas, onde parecia haver uma quantidade significativa e problemática de "sobra". A minha mão, uma faca imaginária, movia-se com precisão, como a ferramenta de um cirurgião, pelas partes mais curvilíneas do meu corpo — não com a intenção de me autoprejudicar, mas sim como uma oração.

Deus, todo-poderoso e capaz de todas as coisas, o Senhor poderia remover esta parte de mim? Parece ser um excesso. Parece não se encaixar.

Eu sabia que Deus poderia fazer isso — apenas não sabia se ele queria fazê-lo. Mas prometi a Deus que, se ele removesse aquela parte indesejada de mim, eu não contaria isso a ninguém — esse poderia ser o nosso segredo.

Movi a minha mão lentamente para baixo, traçando o caminho que delimitava as áreas nas quais eu gostaria de não mais me demorar, e apertei os olhos com força, ciente da enorme capacidade divina. Eu tinha quase certeza de que, se eu apenas desviasse o olhar e fingisse que não percebia, Deus consertaria as coisas. Prometi a ele mais uma vez que eu não contaria aquilo a ninguém; eu agiria como se nunca tivesse acontecido.

Depois, eu me aprumei no banco com os olhos ainda fechados, dando a Deus um momento para agir, antes de abrir lentamente as pálpebras e ver que... eu ainda era eu. Eu ainda estava no meu corpo, o qual não havia mudado em nada. E o carro continuou a se mover.

Já se passaram quase trinta anos desde aquele dia, e tenho grande compaixão por aquela menina que desejava poder esculpir uma parte do seu corpo. Quero abraçá-la e dizer que todo o seu corpo é bom, que a sociedade busca a escassez, mas Deus é o doador da abundância. Quero dizer a ela que suas melhores partes são a tenacidade, a força, as palavras, a adoração, a maternidade, o sacrifício, a capacidade de servir quando ninguém está vendo. Quero dizer a ela que é *justamente porque* seu Pai celestial a ama tanto que ele negou aquele seu pedido de mudança.

Quero dizer àquela menina que o desejo de manter sua oração em segredo é a semente da vergonha, que crescerá como uma erva daninha em sua vida. Quero dizer a ela que a decepção que ela sente em relação a quem é com certeza é um problema muito maior do que a pele e a carne "sobrando". Quero dizer a ela que seu corpo é bom.

Ainda assim...

Existe uma parte de mim que sabe que, se eu pudesse transformar a minha mão em uma oração em forma de faca e assim eliminar 10% do meu corpo hoje, eu seria tentada a fazê-lo. Mesmo agora, a minha decepção secreta e a minha incredulidade quanto ao meu próprio corpo ser bom pesam mais em mim do que qualquer quilo extra poderia representar. Ainda sou aquela menina. Ainda preciso ouvir a verdade. E sei que eu não sou a única. Fico imaginando o que essa história desperta em você. Talvez você esteja duvidando de quão bom é o seu corpo enquanto atravessa a recuperação pós-parto, ou enquanto navega pelo Instagram e vê influenciadoras *fitness*, enquanto se lembra daquele equipamento de ginástica que está acumulando poeira no seu armário. Talvez você se esforce muito para cuidar do seu corpo porque a sua saúde está em jogo, e *ainda assim* sente as dores de um corpo lutando contra alguma doença. Talvez você passe semanas, quem sabe anos, sem pensar positivamente na pele em que habita.

Descobri que a minha história, embora provavelmente não seja idêntica à sua, não está tão distante da história que muitas de nós carregamos e compartilhamos. A nossa história implica que, em algum momento, acreditamos que o nosso corpo não era bom e não sabemos o que isso tem a ver com Deus. Ele se importa? Ele sabe? Ele concorda? Ele vai nos ajudar? Qual é o plano divino?

Em algum ponto ao longo do caminho, a vergonha se tornou uma lente através da qual experimentamos o nosso corpo. Talvez tenhamos sentido vergonha pela maneira negativa como ele era encarado pelos outros — talvez tenhamos sentido vergonha e constrangimento pela maneira como o nosso corpo era elogiado no passado. Pode ser que a vergonha tenha se tornado parte da equação quando não conseguimos dominar o nosso corpo, quando o "problema" do nosso corpo parecia insuperável. Muitas de nós podem sentir que deveríamos ter superado isso, como se a maturidade espiritual e emocional nos tivesse permitido vencer este desafio. E, ainda assim, aqui estamos nós, todas nós, expostas demais a uma luz que não nos aquece com a graça e a misericórdia, mas que julga o que não está "certo" em nós.

A nossa história não terminou, porque a nossa carne ainda luta para ser tudo o que o mundo físico espera de nós. A nossa história não terminou, porque somos multidões e podemos acreditar em inúmeras coisas ao mesmo tempo. Podemos acreditar que as melhores partes de nós são invisíveis e eternas, e ainda assim desejar profundamente que as partes visíveis sejam aprovadas pelo mundo.

Aqui estou hoje: vivo na luta do agora-e-ainda-não de pele e alma. Sei que a pessoa que eu sou é amada por Deus e que o meu corpo ainda está sujeito à dor, à confusão e às imperfeições de um mundo caído. Sei que as melhores histórias nem sempre são as mais simples, e há aqueles que gostariam de descrever e descartar esta história, esta luta, como boba ou secular. Alguns diriam que você pode resolver esse problema do corpo comendo menos e se exercitando mais, e outros diriam que o remédio é parar de pensar no corpo e começar a pensar no céu.

E, ainda assim, estou aqui. Foi uma jornada e tanto desde que orei no carro aos nove anos de idade. Desde então, eu me exercitei muito e comi bem pouco. Li vários livros e experimentei diversas dietas. Desgastei os meus tapetes de oração, literal e figurativamente, e os meus pedidos fervorosos criaram sulcos profundos nos pisos de cada casa em que morei desde que Jesus passou a viver em mim. Tenho sido envergonhada

Por que a imagem do nosso corpo é uma questão espiritual

e silenciada quando tento falar sobre o meu corpo. Tenho sido elogiada pela aparência do meu corpo, e já me pediram para parar de reconhecer sua presença. Eu me movimentei e também fiquei parada. Corri maratonas e... assisti a maratonas na Netflix, acompanhadas de grandes quantidades de pipoca. Fui a conferências e também recebi orientações de *coaching*.

Ataquei essa sensação de ter um corpo inadequado tanto com estratégias seculares quanto com minha espiritualidade, e ainda estou aqui, neste corpo, ansiando por palavras que pavimentem um verdadeiro caminho para a liberdade. Não apenas para mim, mas para aquelas que lutam ao meu lado, as verdadeiras guerreiras da nossa geração que estão perguntando a Deus:

Este é um bom corpo? O Senhor se importa? O Senhor concorda? O Senhor pode ajudar? Qual é o teu plano para isso?

Vamos aproveitar a oportunidade para estabelecer um consenso: a maneira como encaramos o nosso corpo não é uma questão superficial que somente interessa às pessoas imaturas ou vaidosas. A maneira como encaramos o nosso corpo é uma questão profundamente espiritual, porque o nosso corpo é feito por Deus, à imagem de Deus, e é nele que encontramos Deus, por enquanto. Além disso, a crença de que a imagem do nosso corpo é uma preocupação fútil corresponde a uma mentira do Inimigo que é extremamente eficaz em levar as mulheres a acreditarem que elas podem se desconectar do corpo a ponto de se envolverem em privação, danos e abusos — tudo por causa da ideia de que o nosso corpo não é algo espiritual. Essa é uma mentira que usamos inconscientemente para justificar o nosso comportamento, mas que está absurdamente distante da visão que Deus tem em relação a nós. Amém?

Talvez o movimento mais importante que podemos fazer para nos libertar da vergonha do nosso corpo seja concordar que Deus se importa conosco e deseja caminhar ao nosso lado enquanto aprendemos a amar o corpo que ele criou para nós intencionalmente. Talvez a maneira mais eficaz de começar essa luta contra o Inimigo seja dizer: "Isto tem valor. Isto é importante. Isto é sagrado. Isto vale a pena ser discutido."

Já se passaram 28 anos e seis meses desde que me acomodei no banco de trás de um carro de segunda mão aquecido pelo sol e questionei se Deus poderia ou iria me tornar instantaneamente mais parecida com as garotas que me rodeavam. Enquanto escrevo isto hoje, é uma noite escura e um pouco fria, estou dentro de um avião, com a luz do *laptop* aquecendo os meus olhos em vez do sol batendo nas minhas coxas. Mas as mesmas partes específicas das minhas pernas se espalham logo abaixo do apoio de braço porque elas ainda não têm um tamanho padrão. E, logo acima do teclado, onde a cultura diz que eu deveria ceder, eu me curvo. E, onde a minha cabeça se inclina diante do desafio de digitar as últimas palavras apaixonadas antes que a comissária de bordo avise que não é mais permitido fazer isso, o meu pescoço forma um queixo adicional. Ainda assim, tenho certeza de uma coisa...

Este é um corpo bom. É um corpo que pode viver livre da vergonha.

E penso em você, onde quer que você esteja lendo isto. Talvez em um local quente sob o sol, na fila do ônibus ou até mesmo em uma esteira de corrida ouvindo o audiolivro com fones de ouvido enquanto se exercita. Penso em você com o *laptop*, relaxando no seu quarto e talvez acariciando as suas próprias imperfeições físicas. Imagino você sentada de pernas cruzadas enquanto passa as páginas do *e-book* com um toque na tela, virando as páginas de um livro físico na praia ou ainda enquanto se prepara para liderar outras mulheres em um grupo ou estudo bíblico. Mesmo sem ver você, posso imaginá-la e sei que:

Você habita em um corpo bom. Você não foi feita para viver na vergonha.

A verdade mais profunda sobre você é que você foi criada e é amada por Deus. E a verdade mais profunda sobre Deus é que ele não pode criar coisas ruins. Tudo isso parece simples até admitirmos que muitas vezes queremos sufocar os vasos em que ele nos colocou para sua glória e para o bem dos outros. Se essas coisas são verdadeiras, por que lutamos tanto para acreditar nelas? Por que não podemos confiar na forma bondosa e *santa* como fomos criadas de maneira única?

Essa desconexão nos mostra que a maneira como vemos e experimentamos o nosso corpo é uma questão espiritual.

Concordamos com as premissas sobre o caráter de Deus e as promessas de sua criação até nos depararmos com a inadequação que sentimos em relação ao nosso próprio corpo.

Portanto, embora eu ache absolutamente permitido e potencialmente benéfico fazer a Deus as perguntas que você leu anteriormente, também acredito que é corajoso permitir que ele faça as seguintes perguntas ao meu e ao seu coração:

Acreditamos que Deus faz coisas boas?
Sabemos para que o nosso corpo serve?
Sabemos o que faz um corpo ser bom?

Como concordamos com essa verdade na nossa vida diária? Queremos viver livres da vergonha?

É a essas questões que este livro se dedica.

O ARMÁRIO TRANCADO NA CASA DA SUA ALMA

Se você cresceu participando de eventos cristãos nos anos 1990, deve ter ouvido este tipo de metáfora maluca: *A sua alma é como uma casa, com muitos quartos e portas. Jesus quer entrar e limpar cada cômodo.* Não importava se você estivesse em um retiro de membros da igreja, um acampamento de jovens na praia ou uma noite de avivamento, o palestrante do sexo masculino com o microfone e a camiseta estampada começaria a descrever o quarto que você sempre tentou manter trancado e escondido de Deus. Talvez você mantivesse um cadeado na porta, ou até mesmo tivesse se esquecido de que ele existia, mas Deus queria entrar, com graça, e arrumar aquele espaço.

Essa ilustração geralmente levava a muitas lágrimas e confissões — ninguém queria esconder esqueletos de Jesus! E, no entanto, olhando para trás agora, eu, com o meu cérebro de estudos religiosos atual, vejo como a analogia fica aquém da verdade. Acredito que produzimos muitas e muitos cristãos adolescentes nos anos 1990 que concluíam que a melhor coisa que poderiam oferecer a Deus era uma casa e um coração arrumados. Mas Jesus não é um empregado doméstico suave e passivo; e sua graça é algo selvagem e confuso. Não acredito que o melhor que ele tem para nós seja uma imagem americanizada de tudo estando no seu devido lugar. C. S. Lewis disse melhor do que o líder de jovens com a camiseta estampada:

Imagine-se como uma casa viva. Deus entra para reconstruir essa casa. A princípio, talvez você consiga entender o que ele está fazendo. Ele está consertando os ralos e tirando as goteiras do teto, e assim por diante; você sabe que esses trabalhos precisavam ser feitos e, portanto, não está surpreso. Mas depois ele passa a demolir a casa de uma forma que lhe causa uma dor terrível e não parece fazer nenhum sentido. O que ele estaria tentando fazer? A explicação é que ele está construindo uma casa bem diferente daquela que você tinha imaginado — construindo uma nova ala aqui, colocando um andar a mais ali, subindo colunas e criando pátios. Você achava que seria transformado em uma cabaninha modesta, mas ele está construindo um palácio e, além disso, pretende vir e viver nele pessoalmente.[2]

Muitas vezes penso que Deus quer derrubar a nossa casa e construir algo novo e belo. Já o vi incendiar, por misericórdia, a casa que construí com as minhas próprias mãos para que eu pudesse recomeçar do zero. Às vezes, acho que viver com Deus é mais parecido com carregar uma barraca nas costas e sobreviver com as coisas que brotam da terra de seu amor do que morar em uma casa propriamente dita. Às vezes, não penso em mim e em Deus como estando protegidos em uma casa, mas como dois soldados em guerra correndo pela floresta — ele levando tiros por mim e gritando, como um alerta, quando preciso me abaixar para escapar. Quando adoro a Deus, imagino a mim mesma e a Jesus cavalgando juntos rumo à vitória e lutando contra os inimigos da derrota, do medo e do desespero.

---

2   LEWIS, C. S. *Mere Christianity*. New York: Macmillan, 1949. [*Cristianismo puro e simples*. Rio de Janeiro: Thomas Nelson Brasil, 2017.]

Não gosto muito da analogia da casa. Mas talvez eu passasse a gostar se fizéssemos algumas mudanças.

Se o seu coração fosse uma casa, se a sua vida fosse uma casa, e o Espírito de Deus pudesse entrar em cada um dos cômodos e trazer luz, esperança, cura e sabedoria centrada no Reino, em qual cômodo o seu corpo estaria?

Vamos imaginar que as finanças são um cômodo, a família é outro, a nossa vida romântica é outro, assim como é o entretenimento (esse quarto deve ter uma televisão, obviamente). Talvez a aventura e a diversão sejam um quarto, o descanso seja outro (eu escolheria a varanda dos fundos), e o aprendizado ou a forma como você desenvolve a sua mente seja outro (neste caso, uma biblioteca, é claro). Uma coisa que aprecio nessa analogia é que ela nos dá oportunidade de avaliar as diferentes áreas da nossa vida e o impacto do evangelho sobre elas. A nossa vida é muito mais abrangente, complexa e integrada, de modo que o meu cérebro nem sempre consegue processar todas as coisas de uma só vez. Por isso, gosto de poder visitar cada cômodo e perguntar: "Qual é o impacto que Deus tem sobre este quarto? O que ele tem feito aqui? Ele tem permissão para entrar? Este espaço honra a Deus?"

O PROBLEMA

Agora gostaria de comentar sobre o enorme problema que vejo na cultura atual no que diz respeito às mulheres e ao corpo feminino. Não é apenas um espaço compartimentado, algo que frequentemente mantemos longe do poder e da presença de Deus, mas nós o reduzimos a um mero cômodo (ou a um armário), sem reconhecer que esse pode ser *um dos lugares mais importantes* da casa. Com o nosso corpo interagimos com a nossa família. Com o nosso corpo adoramos a Deus. Utilizamos o nosso corpo para servir. Por meio do nosso corpo vivenciamos o romance e o sexo. O corpo é o nosso principal veículo para o descanso. Talvez o nosso corpo não seja, de fato, a casa em si; talvez a casa seja a nossa alma — aquilo que transcenderá o nosso tempo na terra e na eternidade, mesmo que o nosso corpo se transforme. Mas o corpo precisa ser uma parte integral da estrutura. Talvez o isolamento térmico? As paredes? A armação? Muitas de nós não podemos ignorar o nosso corpo, mas também não fomos ensinadas a enxergá-lo com uma mentalidade centrada no Reino. Assim, vivemos a nossa vida em uma casa da alma — cercadas e encapsuladas por mensagens confusas e crenças distorcidas.

As outras pessoas nos dizem que o nosso corpo é um projeto a ser trabalhado, algo a ser apresentado ao mundo para julgamento e avaliação. Dizem que o nosso corpo é um reflexo da nossa retidão – se seguirmos a Deus corretamente, o nosso corpo terá uma aparência específica e refletirá a majestade e a graça divina. Dizem que o nosso corpo é um troféu — algo pelo qual podemos trabalhar arduamente a fim de conquistar glória, algo que podemos entregar àqueles que estão vinculados a nós. Dizem que o nosso corpo é mau, cheio de desejos inatos e impuros que devemos suprimir e subjugar, como a fome, o desejo e a fadiga.

Essas mensagens nos são transmitidas de todas as formas: abertamente, sutilmente, indiretamente. Ouvimos essas mensagens desde o nosso nascimento, e, ao longo tempo, ouvimos as nossas famílias, os nossos líderes e as pessoas que nos amam discutindo o corpo deles e o nosso também. Ouvimos essas mensagens na igreja, no palco, nas telas e nas redes sociais. Ouvimos essas mensagens desde que nascemos, com uma aplicação mais intensa em momentos cruciais e marcantes da

LIBERTE-SE DA VERGONHA DO SEU CORPO

nossa vida, como a formatura, o casamento, a maternidade, os aniversários, as férias e as novas estações.

As outras pessoas nos venderam e nos contaram uma série de mensagens sobre o próprio recipiente no qual experienciamos a nós mesmas, a Deus, seu povo e o mundo. O problema com a maioria das coisas que as outras pessoas nos disseram é que isso *não é verdade de acordo com a Bíblia*. Não está alinhado ao coração, ao caráter e à mensagem geral de Deus e do seu evangelho.

Não é assim que Deus falaria com as suas filhas nem é como ele tem nos falado sobre o nosso corpo. No entanto, essa coleção de mensagens tem sido entregue por seus porta-vozes e atribuída à comunidade de seu Reino.

Acredito que Deus está triste. Acredito que o Deus que criou o universo anseia que seus filhos — mais especificamente, suas filhas — conheçam o valor, a beleza e a importância que ele confere ao nosso corpo.

Acredito que há graça para nós, que transmitimos, concordamos e repassamos essas mensagens negativas sobre a obra do evangelho no nosso corpo. Acredito que podemos desvendar as mentiras e desfazer as falsidades que nos mantiveram presas a uma cultura de condenação.

Acredito que há crescimento e cura para nós do outro lado desta história. Acredito que o nosso corpo foi criado e reconhecido como bom por um Pai que não comete erros, e acredito que, quando começarmos a aplicar essa verdade e a administrar liberdade às mulheres ao nosso redor, veremos renovação na nossa cultura como um todo.

Todavia, para isso, devemos acender as luzes, destrancar as portas e ser honestas sobre o que pensamos, dizemos e vivemos com este belo e maravilhoso corpo que possuímos.

Por que a imagem do nosso corpo é uma questão espiritual

ESPERANÇA E *JEANS* DE CINTURA ALTA

Você se lembra da primeira vez em que viu alguém cuja percepção positiva sobre o próprio corpo não estava alinhada com a cultura? Recorda-se da primeira vez em que conheceu alguém que vivia em liberdade, aceitação ou abundância total no que diz respeito ao próprio corpo? Você já observou outra mulher se divertindo na praia com os filhos, sem parecer minimamente preocupada com as estrias? Talvez você tenha feito uma aula de ginástica com uma instrutora que não se encaixava no estereótipo, mas que nunca se desculpava pelo próprio corpo nem permitia que a vergonha tomasse espaço. Pode ser que, enquanto crescia, você tenha tido uma amiga que ficava quieta quando as outras garotas do grupo começavam a criticar o próprio corpo, pois ela se recusava a participar desse ritual.

Lamento dizer que, mesmo agora, enquanto escrevo, estou vasculhando as minhas memórias e apenas consigo encontrar umas poucas pessoas assim no meu passado. Entretanto, todas nós podemos contar histórias de mulheres e homens que tiveram um impacto negativo sobre a nossa vida ao nos chocarem com suas crenças sobre o próprio corpo.

Para mim, houve aquela mulher incrivelmente sábia e audaciosa que foi uma verdadeira mestra na faculdade, mas que, ao mesmo tempo, me incentivou a fazer uma dieta extremamente pobre em carboidratos. Ou o pastor que, ao notar que eu tinha ganhado peso, fez questão de dizer que os meus calcanhares não aguentariam a pressão do meu corpo. Certa vez, mudamos para uma igreja para ajudar um pastor, e a equipe de liderança ofereceu ao meu marido e a mim um programa de dieta como presente de boas-vindas. "Obrigado por vir ajudar a nossa igreja. Por favor, coma apenas seiscentas calorias por dia pelos próximos 21 dias."

Para ser bem honesta, a maioria das vozes que realmente impactaram a minha vida tinha esta mesma falha: *elas não abraçavam nem promoviam a mentalidade do Reino quando se tratava do corpo físico.* A conformidade cultural era um ideal para elas e, nos piores casos, alcançar esse ideal era retratado como uma forma de retidão. Na maioria das minhas experiências com outras pessoas, não havia nenhum desejo de romper com a vergonha. Pelo contrário, a vergonha era acolhida como uma ferramenta para ajudar o nosso corpo a se tornar cada vez melhor.

E, então, Lily apareceu. Lily foi uma voz que cortou o caos para dizer algo verdadeiro, afirmativo e extremamente encorajador. Eu já vivia havia alguns anos no processo de não apenas aceitar o meu corpo ou até mesmo celebrá-lo, como também de tentar, com todas as minhas forças, enxergá-lo à luz do reino de Deus. Eu estava tentando compreender que o meu corpo era decaído e falho, mas cheio de potencial e promessas. Eu estava tentando abraçar o corpo que Deus me deu, e havia desistido definitivamente de tentar ter o tipo de corpo que era ideal para outra pessoa.

Assim, um dia, vesti um *jeans* de cintura alta. Algumas mulheres com o meu tipo de corpo talvez evitem calças de cintura alta ou, especialmente, calças de cintura alta com a blusa por dentro, o que evidencia ainda mais o formato do corpo. É o velho argumento de "Não posso usar tal coisa" ou "Tal coisa não fica bem no meu corpo" que muitas de nós vivemos e repetimos. Calças de cintura alta com a blusa por dentro "devem" ser evitadas (só de digitar isso, já estou ficando irritada) por mulheres com o meu tipo de corpo, mas eu estava cansada das regras do que devemos ou não fazer, então acabei fazendo exatamente o que queria fazer.

Por que a imagem do nosso corpo é uma questão espiritual

Alguns dias depois de eu ter usado *jeans* de cintura alta na igreja, Lily veio me visitar. Conversamos sobre a vida dela e seus planos futuros de se mudar para Paris. Lily era tão legal! Tão livre! Tão apaixonada por Deus! Pouco antes de ir embora, ela olhou para mim com lágrimas nos olhos e disse: "Obrigada por usar *jeans* de cintura alta. Ver você amar o seu corpo me faz amar o meu corpo. Ver você adorar a Deus com o seu corpo me faz querer adorar a Deus com o meu corpo quando vou à igreja."

Fiquei chocada e fui abençoada além da medida. Naquela fase inicial da minha própria jornada, ninguém tinha realmente percebido as mudanças externas que eu estava fazendo à medida que o meu coração se transformava internamente. Ninguém tinha visto os meus *jeans* de cintura alta como um grito de liberdade, como eles realmente eram. Ninguém tinha refletido de volta o amor que eu estava começando a me permitir sentir *por mim mesma*, pelo meu corpo. E lá estava Lily, uma das primeiras mensageiras da esperança nesta batalha. Não era um grito leviano de positividade corporal, assim como não era a determinação obstinada de ignorar as nossas próprias formas — era algo mais profundo e intencional que ela refletiu de volta para mim.

Era um tipo de bondade profundamente enraizada que glorificava a Deus. Lily viu que eu reconhecia ter sido feita à imagem de Deus. Ela me viu chamando as minhas coxas e a metade inferior do meu corpo de uma bênção, não de um fardo. Ela concordou comigo, adotando a liberdade para si mesma também. Juntas, por um instante, estávamos formando a nossa própria comunidade de combatentes da liberdade, compartilhando este acordo sagrado e adorador: o nosso corpo é bom.

Tive o mesmo momento de euforia algumas vezes desde então. Descobri que, mesmo quando estamos abertas e confortáveis para compartilhar com outras mulheres sobre o nosso corpo, é necessário quase um milagre para chegarmos a um acordo mútuo de que o nosso corpo é bom. Estamos todas em páginas diferentes, temos experiências e histórias diferentes, e é preciso ter paciência e remover camadas de vulnerabilidade para baixar as nossas defesas coletivas e construir consensos baseados na verdade.

Por mais precário que isso possa ser, estarmos juntas é o caminho a seguir. A conversa é o canal desta mentalidade do Reino, e podemos começar juntas. Aqui mesmo. Todas nós. Hoje.

ENTRANDO AGORA EM UM ESPAÇO DE CORAGEM

Latasha Morrison, fundadora do ministério Be the Bridge [Seja a ponte], foi a primeira pessoa a me apresentar o termo "espaço de coragem". Já ouvi o termo sendo usado em conexão com o trabalho antirracismo, os ambientes de aprendizagem e outras áreas da fala sobre justiça social. Latasha pode não ter cunhado o termo, mas foi a primeira pessoa a me explicar a ideia, e isso definitivamente mudou a forma como me posiciono em conversas importantes.

Em um espaço seguro, as pessoas se sentem confortadas e até mesmo confortáveis. Em um espaço seguro, você pode dizer o que é real e verdadeiro, de acordo com o seu ponto de vista, sem implicações ou repercussões. O problema de estar em um espaço seguro é que, embora pareça reconfortante, não é um terreno fértil para o crescimento. Quando estamos confortáveis, tendemos a permanecer iguais.

Em um espaço de coragem, por outro lado, há um convite para ser quem você é, onde você está, enquanto são oferecidos um desafio e um ambiente para crescer. Em um espaço de coragem, você aceita a possibilidade de se sentir desconfortável, mas sabe que o seu desconforto será produtivo. Em um espaço de coragem, a sensibilidade e a vulnerabilidade que você sente são, em última instância, produtivas, pois levam ao crescimento.

Percebo que precisamos aceitar os princípios de um espaço de coragem para prosseguir no que Deus tem para nós em relação ao nosso corpo. Precisamos ser capazes de dizer coisas reais e honestas sobre o nosso corpo, mas também precisamos pisar em um terreno fértil para o crescimento. Precisamos de um espaço para nos movimentar e expandir, para avançar em direção à liberdade, para não ficar estagnadas onde estamos. Considere para onde estamos caminhando neste livro.

Vamos começar falando sobre como uma mentalidade orientada pelo Reino se manifesta em relação ao nosso corpo. Vamos analisar algumas outras ideias positivas e negativas sobre o nosso corpo que são inerentes à cultura em geral, testando-as à luz da Palavra de Deus e olhando para elas à luz da eternidade.

Vamos mergulhar no passado e examinar alguns dos momentos em que nós e outras mulheres nos referimos ao nosso corpo de uma forma contrária à vontade e à verdade de Deus. Vamos pedir a Deus que nos dê a graça de perdoar as pessoas que nos feriram e vamos aceitar a graça divina pelas formas como usamos as palavras como armas contra nós mesmas e contra os outros. Vamos voltar ao nome original que Deus deu ao nosso corpo como um estandarte para vivermos pelo resto dos nossos dias.

Em seguida, vamos proporcionar o descanso muito necessário ao nosso corpo. Talvez não seja um descanso físico no sentido com o qual você está acostumada, mas um espaço espiritual e emocional no qual paramos de fustigar o nosso corpo e começamos a preparar um lugar de reparação. A restauração seguirá esse descanso. À medida que buscarmos a restauração, vamos perguntar por que queremos crescer e vamos usar a adoração como guia para experimentar abundância, liberdade e desenvolvimento.

Finalmente, nós nos juntaremos às outras mulheres para nos aprofundarmos no renascimento. Tomaremos o nosso lugar entre as multidões de mulheres que vivem em liberdade no que se refere ao corpo e usaremos a nossa voz para trazer outras mulheres para este espaço. Usaremos o peso da nossa liberdade para criar um caminho mais amplo e um solo mais firme para que todas nós possamos ficar em pé, um espaço para todas nós avançarmos.

Talvez você tenha notado que não falamos tanto sobre a vergonha que sentimos quanto falamos sobre como fomos criadas como algo bom. Isso é intencional, porque vamos substituir mentiras por verdades, trocar as nossas correntes de condenação pela certeza de que o nosso corpo tem valor, importância e beleza.

Vamos fazer tudo isso no nosso corpo, que é muito bom. Não apenas na nossa mente ou no nosso espírito, mas aqui, onde vivemos, nesta tenda de carne que abriga o Espírito Santo, o qual fez Jesus Cristo ressuscitar dos mortos. Nós nos juntaremos ao nosso amigo e irmão, Jesus, em proclamar o ano do favor do Senhor, consolar aqueles que têm o coração quebrantado, trazer liberdade aos cativos e às cativas e proporcionar conforto a todos, homens e mulheres, que estão de luto — aqui, no nosso corpo reconhecido por Deus como algo bom, muito bom.

Você está pronta?

Juntas, vamos mergulhar nas seguinte palavras sobre o coração de Deus para proclamar liberdade:

O Espírito do Soberano, o Senhor, está sobre mim,
porque o Senhor ungiu-me
para levar boas notícias aos pobres.
Enviou-me para cuidar dos que estão com o
coração quebrantado,
anunciar liberdade aos cativos
e libertação das trevas aos prisioneiros,
para proclamar o ano da bondade do Senhor
e o dia da vingança do nosso Deus;
para consolar todos os que andam tristes
e dar a todos os que choram em Sião
uma bela coroa
em vez de cinzas,
o óleo da alegria
em vez de pranto
e um manto de louvor
em vez de espírito deprimido.
Eles serão chamados carvalhos de justiça,
plantio do Senhor,
para manifestação da sua glória.
Eles reconstruirão as velhas ruínas
e restaurarão os antigos escombros;
renovarão as cidades arruinadas
que têm sido devastadas de geração em geração
(Isaías 61:1-4).

PERGUNTAS

Se o seu coração fosse uma casa com muitos cômodos, qual cômodo representaria o seu corpo? Como esse cômodo seria? Ele é bem cuidado ou permanece escondido? É visitado com frequência? Deus é convidado a entrar nesse cômodo?

•

O que lhe disseram sobre o seu corpo? Liste as três primeiras mensagens que vêm à sua mente.

•

Existe alguém na sua vida que ama o próprio corpo simplesmente porque Deus o criou? Como a amizade ou o relacionamento com essa pessoa impacta ou impactou a sua vida?

PALAVRAS DAS NOSSAS AMIGAS

RWP: *Tenho uma história de infância semelhante à da pequena Jess, pois me lembro claramente do momento em que percebi que o meu corpo não era "parecido" com o das outras pessoas. E ainda estou muito consciente disso. Após trinta anos desde o momento em que percebi que não me encaixo no padrão corporal valorizado pela nossa cultura, sinto que eu deveria ter chegado ao ensino de Deus sobre contentamento. Porque é assim que funciona, certo? Esse deve ser o objetivo final de Deus, ou certamente eu não estaria mais esperando por essa mudança crucial de coração, ou melhor ainda, por essa mudança de corpo. Sinto que aquilo que ouço constantemente de outras pessoas na igreja é que não estou experimentando total liberdade porque ainda não alcancei o nível de contentamento que Deus deseja para mim. Resumindo, ainda não sou totalmente madura espiritualmente. Mas estou começando a perceber que a verdade de fato está no desejo de Deus de que eu veja o meu corpo, que é sua criação, como algo bom. Que o trate como algo bom. E estou chegando lá. Deus tem aberto os meus olhos e transformado o meu coração, e sou muito grata por estar neste espaço de coragem para continuar este trabalho.*

Jensine: *Outro dia, eu estava olhando para o meu corpo de mãe depois de ter tido dois filhos, apertando aqui, encolhendo ali, desejando perder uns quatro ou cinco centímetros na cintura e nas coxas. A forma como percebemos a maternidade e estes vasos físicos que trouxeram vida ao mundo muitas vezes é marcada pela escassez, com a ideia de que precisamos recuperar o nosso corpo pré-gravidez, de que estamos perdendo algo como mães. Mas que maravilhoso lembrete da abundância dada por Deus, tanto no nosso corpo, que tem capacidade para gerar vida, quanto na nossa missão! Isso é um transbordamento de graça para que possamos continuar doando, doando e doando.*

2.
UMA NOVA MENTALIDADE

Imagine que o seu corpo é uma história. Que cada detalhe, sarda, músculo, movimento e cicatriz contam a história da sua vida. Quem são as personagens principais? Quais são os títulos dos capítulos? Quais temas têm se desdobrado conforme a história é contada? A igreja e seus líderes tiveram um papel significativo nisso, ou vozes seculares moldaram a forma como a história se desenrolou? Não é apenas útil rastrear a origem do que nos foi dito, mas também expor isso à luz e avaliar se é verdadeiro, útil, encantador, e se leva você a amar quem Deus a criou para ser.

Portanto, não importa se estamos falando das mensagens que você recebeu sobre o seu corpo provenientes da igreja ou daquelas provenientes da cultura em geral, vale a pena perguntar: "O que é verdadeiro e útil?" Se você não tem acompanhado o que o mundo exterior à igreja tem dito sobre a imagem corporal, segue um breve resumo. *Vamos falar primeiro sobre a positividade corporal.*

POSITIVIDADE CORPORAL

Estas são algumas coisas que me fazem sorrir:

LIBERTE-SE DA VERGONHA DO SEU CORPO

No estúdio de barras onde faço exercícios, há um mural na parede.[1] Ele retrata um grupo de mulheres se exercitando. Essas mulheres têm diferentes formas e tamanhos, e não se trata apenas um conjunto performático de ícones — é a realidade do nosso estúdio. Entre as participantes e as instrutoras, não há um estilo uniforme de "forma física" ou de "força". Todos os corpos são bem-vindos e celebrados. Isso é positividade corporal em ação, e é algo realmente notável.

Recentemente, ouvi a minha filha cantando a letra da música *Let 'Em Say* [algo como "Deixe os outros dizer"], de Lizzo e Caroline Smith, que quebra os moldes da aparência tradicional de "modelo" para proclamar: "Eu quero me parecer com a minha mãe, um metro e meio e uma mulher natural". Isso é positividade corporal em ação na música secular, e é lindo.

A positividade corporal vai além de uma *hashtag* — mas, por Deus, dê uma olhada na *hashtag*. Em um espaço que costumava concordar unanimemente que "menor" equivalia a "melhor", que o objetivo era a perfeição bem polida, e que as falhas eram algo a ser escondido, agora existe liberdade onde antes a vergonha prevalecia. Agora há celebração onde antes reinava a condenação. Isso é positividade corporal em ação na nossa cultura, e é incrível.

A positividade corporal pode parecer relativamente nova e barulhenta por causa das redes sociais (existem mais de cinco milhões de postagens usando a *hashtag* #bodypositivity no Instagram até a data em que escrevo este livro),[2] mas é uma ideia que tem suas raízes na década de 1960.

---

1 N. da T.: Estúdio de barras é um espaço em que se pratica o método *barre*, uma aula em pequenos grupos que fazem exercícios em uma barra como as utilizadas em aulas de balé.

2 N. da T.: Embora a *hashtag* traduzida não seja tão disseminada no Brasil, a leitora brasileira pode ter uma ideia de como a temática é tratada nas redes sociais acessando https://www.instagram.com/explore/tags/positividadecorporal/.

Enquanto o "amor livre", o feminismo e o Movimento pelos Direitos Civis ganhavam força, também havia uma liberdade crescente com respeito ao corpo físico e à maneira como o enxergamos.

O termo "positividade corporal" foi oficialmente cunhado em 1996 e era frequentemente usado no início dos anos 2010. É uma ideia que estimula as pessoas a apreciar seu corpo a despeito de suas imperfeições, a sentir confiança em seu próprio corpo, a amar a si mesmas e a aceitar a forma e o tamanho de seu corpo. O movimento de positividade corporal é a razão pela qual vemos agora modelos com formas mais realistas em comerciais da Dove, Aerie[3] e quase todas as empresas que aparecem na grande mídia. Pessoalmente, compro quase exclusivamente os meus sutiãs, calcinhas e roupas de banho na Aerie, porque é bom demais e muito útil ver como um produto pode ficar em um corpo com a forma *do meu*. Essa tática funciona. Eu gosto muito disso!

Mas o movimento de positividade corporal vai além de uma ferramenta tática para as marcas. É a bondade e a verdade se enraizando no coração e na mente de várias gerações que estão cansadas de ter a vergonha no centro de tudo. É uma onda de inclusão que, em sua melhor forma, derruba percepções anteriormente aceitas e que estavam arraigadas na objetificação do nosso corpo, o qual é realmente muito bom aos olhos de Deus. O movimento de positividade corporal tem sido um salva-vidas para milhões de mulheres, uma introdução à ideia incrivelmente esperançosa de que existe *muito mais* do que uma única forma de ser bonita. Não sei se a pessoa que cunhou essa expressão se identifica como seguidora de Jesus, mas tenho

---

3   Aerie é uma linha da marca de roupas para jovens American Eagle; ganhou grande destaque após a campanha Aerie Real, que defendia a beleza natural e contava com modelos de diferentes etnias, tamanhos e formatos. [N. da R.]

certeza de que a ideia está alinhada com o coração de Deus para as mulheres.

NEUTRALIDADE CORPORAL

"Neutralidade corporal" é um termo concebido em 2010 por um programa de tratamento em Vermont, nos Estados Unidos, e sou incrivelmente grata por essa linguagem que tem ajudado tantas pessoas. A neutralidade corporal defende a ideia de que uma positividade completa é potencialmente impossível para algumas pessoas, como aquelas que lutam contra a dismorfia corporal — uma condição que mantém uma pessoa obsessivamente focada nos aspectos negativos do corpo, que podem ou não ser visíveis para as outras pessoas —, um transtorno alimentar, um evento traumático que ocorreu no corpo, ou até mesmo pessoas que convivem com lesões e deficiências difíceis de celebrar. Aprecio o movimento de neutralidade corporal porque tenho amigas para as quais não é fácil ou nem mesmo possível olhar no espelho e proclamar amor pelo que veem. A neutralidade corporal cria espaço para essas pessoas entre nós que têm a frustração, a decepção e a dor relacionadas à nossa carne profundamente enraizadas em seu ser.

Do ponto de vista das redes sociais, o termo não é tão difundido, mas está ganhando espaço rapidamente. A neutralidade corporal é um lugar calmo para repousar, uma perspectiva de caminho futuro que é tanto plausível quanto alcançável. Ela cria espaço para que o nosso coração processe a dor e a decepção que sentimos, enquanto nos libertamos da vergonha das perspectivas excessivamente negativas que carregamos.

Uma nova mentalidade

A VISÃO DA IGREJA SOBRE A POSITIVIDADE CORPORAL

Qual é, então, a posição da igreja em relação à positividade corporal? Como ela interpreta a neutralidade corporal? Não estou distante do movimento pulsante da igreja cristã nos Estados Unidos. Em média, falo em dois eventos de ministério feminino por mês, por todo o país. Lidero uma igreja local. Estou conectada e/ou sou amiga de muitos líderes e pastores evangélicos conhecidos pela grande mídia. A verdade é que ninguém está realmente falando sobre "positividade corporal". E nunca ouvi ninguém mencionar o termo "neutralidade corporal". A igreja parece estar, em grande parte, silenciosa em relação a essas perspectivas. Isso não quer dizer que não existam pastores e líderes que aceitem e até mesmo incorporem esses princípios em sua fala. Na maior parte, porém, os conceitos simplesmente não estão enraizados na cultura evangélica convencional. Eles não têm sido pregados nos nossos púlpitos nem praticados como exemplo pelos nossos líderes.

Tenho várias teorias sobre o motivo pelo qual isso acontece, mas, em essência, vejo uma razão negativa e possivelmente uma razão positiva. Do ponto de vista negativo, acredito que *o cristianismo em geral tende a temer a liberdade do nosso corpo*. Eu gostaria que isso não fosse verdade. No entanto, historicamente, a igreja tem visto a liberdade corporal como pecaminosa e tende a rejeitar qualquer pessoa ou movimento que defenda a ideia de encontrar conforto em sua própria pele. A liberdade é um conceito complexo que pesa muito na capacidade de um indivíduo ouvir o Espírito Santo e identificar o que é de Deus e o que não é.

A minha preocupação é que, sempre que os líderes da igreja não conseguem distinguir claramente limites e fronteiras,

LIBERTE-SE DA VERGONHA DO SEU CORPO

eles evitam totalmente um problema. Deixe-me esclarecer isso. A preocupação parece ser a seguinte:

Se pregarmos a liberdade do nosso corpo, as pessoas vão abusar disso?
Se pregarmos a liberdade do nosso corpo, as pessoas vão se envolver com álcool e drogas?
Se pregarmos a liberdade do nosso corpo, as pessoas que costumavam servir ativamente buscarão e encontrarão descanso, deixando a igreja desamparada?
Se pregarmos a liberdade do nosso corpo, precisaremos ter mais conversas sobre modéstia?
Se pregarmos a liberdade do nosso corpo, mais pessoas terão relações sexuais antes do casamento?

Essas são preocupações ditas e não ditas.

Alguns pensamentos rápidos em resposta, a partir da minha perspectiva:

Não lutamos contra a gula na igreja?
Muitas pessoas na igreja já não lutam contra a dependência de substâncias, tanto na vida particular quanto publicamente?
Não devemos ensinar o descanso a todos os seguidores de Jesus, incluindo os nossos voluntários altamente dedicados e os funcionários da igreja?
Os índices de prática sexual antes do casamento são menores para aqueles que crescem na igreja?

Finalizando os questionamentos sérios — e lembre-se, estou perguntando isso a mim mesma, uma mulher que está envolvida nesta cultura em um grau extremo: Quando deixamos de acreditar que a graça nos impele a mudar? Quando paramos

Uma nova mentalidade

de confiar que o Espírito Santo irá comunicar limites adequados por meio da nossa liberdade em Cristo? Trocamos a mensagem de liberdade por uma escravidão ainda maior porque temos medo de permitir que as pessoas naveguem nas águas complexas da liberdade em sua própria carne? Se a minha hipótese sobre a razão para evitar a liberdade do nosso corpo estiver correta, a evasão está enraizada em um enorme medo que precisa ser erradicado, tanto no nível individual quanto no nível corporativo. Não encontraremos a liberdade e a plenitude deste lado do céu se as nossas igrejas e comunidades ensinarem as mulheres, de forma aberta ou sutil, a desprezar e/ou temer seus próprios corpos. Esse medo contrasta frontalmente com o amor que Deus tem por nós e com o fato de que ele nos criou à sua imagem.

Agora, aqui está a boa notícia! Acredito que há uma razão potencialmente positiva pela qual a igreja não abraçou a ideia da positividade corporal. O conceito de positividade corporal não deixa muito espaço para as pessoas lamentarem a dor que experimentam em seu corpo físico. "Ame o seu corpo" é difícil para as pessoas que têm lesões, doenças crônicas e deficiências que dificultam a vida diária. O evangelho, em sua essência, reserva espaço para lamentos e expressões de frustração com a decadência do mundo em que vivemos. O evangelho nos diz que gememos e estamos sobrecarregadas nesta "casa", que anelamos pelo céu e pelo nosso corpo ressuscitado (veja 2Coríntios 5:1-5).

Você poderia argumentar que, na igreja ocidental, temos algo semelhante à neutralidade corporal, mas eu diria que isso pode ser chamado mais precisamente de *ignorância corporal*. Quando ignoramos as maneiras negativas como as pessoas se sentem e usam seu corpo, evitamos algumas situações complicadas e algumas conversas potencialmente difíceis.

Será que, se fingirmos que está tudo bem e que este problema gritante não está nos afetando, talvez ele desapareça?

O problema da ignorância corporal é que as mensagens sobre o nosso corpo ainda podem ser recebidas e aceitas, e, se não prestarmos atenção a essas mensagens, elas se firmarão na nossa vida, estejamos conscientes ou não disso, para o bem ou para o mal. Sem uma base sólida de verdade e liberdade, as mentiras do Inimigo ainda penetram nas nossas crenças sistêmicas sobre quem somos, qual é nosso propósito e o que nos torna algo bom, como Deus reconheceu na criação.

Em vez de ignorar o nosso corpo e sua importância, prefiro levar algumas perguntas diretamente a Deus. O que ele pensa sobre o nosso corpo? Como ele gostaria que nós o amássemos e dele tratássemos? O que acontecerá com o nosso corpo quando morrermos? É fácil agirmos como se a nossa alma fosse tudo o que importa, como se o nosso corpo fosse um mero recipiente; porém, se fomos criados à imagem de Deus e ele nos formou com propósito e excelência artística, o nosso corpo não merece atenção? E, se tantas mulheres (e, acredito, homens também) estão sofrendo enquanto anseiam entender o valor de seu corpo, não deveríamos tentar entender a verdade de Deus em vez de rejeitar o que parece complexo demais para a nossa compreensão?

Há outro perigo inerente em tratar o nosso corpo como se fosse inferior à nossa alma. Certa vez, uma amiga contou uma história de como seu pastor de jovens se referia a seu corpo como "apenas um traje terreno". Essa negligência criou um vácuo que permitiu a ela acreditar que era permitido tratar seu corpo com certa negligência, e até mesmo privá-lo de cuidados e deixá-lo suscetível a abusos. Se fosse apenas um traje terreno, se não importasse a maneira como ela o tratasse, ela estaria livre para lidar com ele como bem quisesse, mesmo às custas de sua própria saúde? Se o corpo em si não importa, então de que maneira o que fazemos com o nosso corpo pode importar? Temos muito, muito trabalho a fazer na igreja em relação a encarar o nosso corpo como algo bom. Precisamos de uma teologia que reconheça, responda e aceite a verdade de como Deus nos criou. Precisamos de espaço para que as mulheres, mais especificamente, confessem e tragam luz a essa área que é tão escura para tantas de nós, de modo que possamos começar a combater a vergonha com a verdade fervorosa. E precisamos de instrução sobre como é amar o nosso corpo porque Deus o criou — não o adorando ou idolatrando, mas adorando a Deus com este corpo.

Agradeço sinceramente pela cura e a liberdade que os movimentos de positividade corporal e neutralidade corporal têm proporcionado àquelas de nós que tiveram contato com eles. Contudo, para as seguidoras de Jesus que se submetem à sua verdade, acredito que há mais uma fronteira a explorar.

A positividade corporal nos faz ansiar mais à luz da notícia de que a eternidade é tudo para nós e que, por ora, estamos vivendo em meio a uma existência decaída. Podemos dizer palavras positivas em relação ao nosso corpo enquanto reconhecemos que ele está quebrantado, que está sujeito aos efeitos de um mundo que não é o melhor cenário de Deus. Além disso, não é ao nosso corpo que adoramos ou proclamamos como perfeito, mas ao Deus que o criou. É a nossa insistência em *seu* poder, *sua* presença e *sua* glória que me leva a acreditar que o meu corpo é bom. A afirmação de que amo o meu corpo, de que tenho uma visão positiva dele, tem muito mais *impacto* porque está respaldada na crença de que o Criador do universo o criou com intenção e criatividade.

VAMOS ACOLHER E CRESCER

Passei os dois terços iniciais da minha vida cristã na categoria "apenas coisas espirituais", e posso dizer honestamente que não foram a ignorância nem o orgulho que me levaram a ouvir ensinamentos centrados no evangelho. Não foi porque eu sentia medo do mundo ou de experimentar a corrupção — eu havia passado tanto tempo na escuridão que queria absorver o máximo possível de luz. Agora, percebo que se tornou muito mais fácil para mim ouvir e aprender com as perspectivas das pessoas que não se consideram seguidoras de Cristo. Acredito firmemente que Deus criou a mente dessas pessoas e pode informar seus *insights* com a verdade, mesmo que elas não dediquem sua lealdade a ele.

Ainda assim, como alguém que acredita que a terra não é o meu destino final, como alguém que acredita que há algo mais do que apenas observar o próprio corpo ou aceitar sua existência, não posso parar por aí. Tenho a liberdade de acolher o conhecimento dos outros, deixar a luz da verdade de Deus brilhar sobre esse conhecimento, iluminar o que é e o que não é real, e continuar crescendo na forma como interpreto e aplico esse conhecimento.

Na prática, isso significa que podemos agradecer a Deus pelo movimento de positividade corporal que fortaleceu corações e almas quando a igreja não o fez. Podemos tomar a ideia de apreciar o nosso corpo a despeito de suas falhas, fortalecer essa ideia com a verdade de que Deus criou o nosso corpo como algo bom, muito bom, e de que o Senhor não comete erros. Devemos também aplicar um pouco de graça quando o nosso corpo age ou se sente quebrantado, reconhecer que este não é o nosso lar final, e permanecer ao lado das mulheres que promovem a positividade corporal, sorrindo e agradecidas por estarmos juntas nisto.

Uma nova mentalidade

Podemos nos maravilhar com o que Deus fez, assim como Davi faz nos Salmos:

Quando contemplo os teus céus,
obra dos teus dedos,
a lua e as estrelas que ali firmaste,
pergunto: Que é o homem,
para que com ele te importes?
E o filho do homem,
para que com ele te preocupes?

Tu o fizeste um pouco menor do que os seres celestiais
e o coroaste de glória e de honra (Salmos 8:3-5).

Podemos também agradecer a Deus pelo trabalho da neutralidade corporal, especialmente aquelas de nós que estão em Cristo e sofreram traumas corporais ou precisam de cura de transtornos alimentares. Podemos suspirar aliviadas com a ideia de que o nosso corpo não é a coisa mais importante em nós. Essa é uma verdade que encontramos alicerçada nas Escrituras, que nos dizem que a nossa alma é o que o Pai vê e que Cristo morreu na cruz para que ela pudesse ser unida a ele. Podemos aprender com as táticas propostas por esse movimento e aplicá-las à nossa vida cotidiana, enquanto continuamos a desvendar o que significa ter um corpo crucificado com Cristo.

Fui crucificado com Cristo. Assim, já não sou eu quem vive, mas Cristo vive em mim. A vida que agora vivo no corpo, vivo-a pela fé no filho de Deus, que me amou e se entregou por mim (Gálatas 2:20).

MEU CORPO VIVE NO REINO

Há alguns anos, tive uma revelação sobre o meu corpo. Era final da primavera, o verão se aproximava, e eu estava me ajustando ao ritmo da cidade onde morava havia alguns anos. Quando criança, íamos à praia uma vez, talvez duas, por ano, pois o litoral ficava a cerca de quatro ou cinco horas de distância. Lembro-me, mesmo naquela época, de sentir um aperto no coração quando seguíamos de carro para lá — sabendo que a próxima semana inteira significaria muitos trajes de banho e demasiada exposição à luz para o meu corpo. Tentei não pensar muito no aumento exponencial de tempo vestindo roupas de banho que enfrentaríamos ao nos mudarmos para Charleston, na Carolina do Sul, mas é difícil ignorar isso quando você está aqui.

Após alguns anos, eu já estava me acostumando com toda essa coisa. Infelizmente, também estava me acostumando a ouvir mulheres falando sobre como elas precisavam se preparar para os meses de verão que se aproximavam, nos quais elas seriam vistas em suas roupas de banho. Certo dia, eu estava sentada com algumas amigas em uma cafeteria, e o assunto escolhido foi como estávamos nos preparando para a temporada de biquínis. Vale ressaltar que, na época, eu estava conversando com algumas mulheres que cursavam a faculdade ou haviam se formado recentemente, enquanto eu já havia passado dos trinta anos e carregado quatro filhos no meu corpo.

O que estou dizendo é que eu não era como as outras mulheres. Não tenho certeza exatamente de qual pergunta ou observação eu fiz, mas foi contracultural o suficiente para a conversa ser interrompida. Talvez eu tenha dito algo simples como: "Eu não estou preparando o meu corpo para o verão.

Ele já está preparado." Todavia, depois que eu disse o que quer que tenha dito, todas as mulheres com quem eu estava conversando me encararam como se eu tivesse seis cabeças. Tecnicamente, eu era a esposa do pastor, e algumas poderiam dizer que eu as estava discipulando. Nunca falamos isso assim formalmente, porque eu também aprendi muito com elas. Na maioria das vezes, compartilhávamos a nossa vida, reconhecíamos as forças e fraquezas umas das outras e juntas nos tornávamos mais conscientes da bondade de Deus. Elas não se importavam em me corrigir ou ficar frustradas comigo — o que estava prestes a ser provado pela resposta delas ao que eu acabara de dizer.

Aquelas garotas às quais eu amava muito me olharam como se eu fosse uma completa idiota e uma delas disse: "Mas nós vivemos nos ESTADOS UNIDOS. É assim que funciona. É isso o que se espera de nós."

Quando repriso esse momento na minha cabeça, fico orgulhosa de a minha amiga ter sido tão honesta, ousada e direta. Ela não estava me desafiando tanto quanto estava reconhecendo as pressões muito reais que todas sentiam. A sabedoria bíblica somente pode nos levar até certo ponto quando vivemos *aqui*, sobrecarregadas pelos enredos da nossa cultura. Contudo, quando recordo desse momento, também estou maravilhada e grata pela clareza que Deus me deu para responder com uma verdade na qual eu não havia pensado muito antes, mas não parei de pensar desde então:

"Não", eu disse. "Nós vivemos no Reino. Eu posso morar nos Estados Unidos, mas *pertenço* ao Reino."

Para ser honesta, tive dúvidas sobre essas palavras assim que elas saíram da minha boca. Elas eram verdadeiras? Elas significavam alguma coisa? Se a resposta for positiva, o que isso mudava no cenário todo?

Levei cerca de cinco anos ruminando essas palavras — e as dúvidas subsequentes — na minha cabeça, incitando-as e sondando-as para ver se elas eram realmente verdadeiras. Estou emocionada em compartilhar até onde cheguei.

O meu corpo é bom. Deus o criou com propósito e criatividade. Acredito que ele sabia como eu seria antes mesmo de o mundo começar. O primeiro adjetivo que foi dado ao meu corpo por Deus foi definitivo: bom. Acredito que ele faz coisas boas e acredito que, porque ele criou o meu corpo, trata-se de uma boa criação.

Assim como todas as coisas criadas por Deus e mantidas na terra, o corpo tem a possibilidade de se deteriorar, de experimentar e causar dor — mas aquele primeiro adjetivo ainda significa algo. Ele faz o meu coração desejar voltar a um lugar onde trato o meu corpo como ele é de fato, bom, e dou glória a Deus com esta postura. No entanto, algo selvagem e infinitamente indescritível aconteceu no ano de 2000, na noite em que aceitei a amizade do meu Salvador, Jesus.

Não apenas a minha alma foi reivindicada para o reino de Deus, mas também o meu corpo. Ganhei um corpo do Reino, com novos direitos, nova liberdade e um novo conjunto de valores culturais e capacidades. Como eu usaria o meu corpo daquele momento em diante não se tratava apenas do presente, do prazer ou de obter a aprovação dos outros. O meu corpo estava, a partir daquele momento, intrinsecamente ligado a uma história que começou no jardim do Éden e que seria restaurada em uma eternidade futura.

O QUE O REINO SIGNIFICA PARA O NOSSO CORPO

As regras são diferentes no Reino, principalmente por causa do nosso Rei. Mas vamos puxar esse fio um pouco mais e ver o

Uma nova mentalidade

que mais é verdadeiro sobre o nosso corpo por causa de onde vivemos. Onde está o Reino? Qual é o propósito do Reino? E o que é *prosperar* no Reino? Saber essas coisas nos ajudará a compreender o que é um corpo do Reino e o que ele pode fazer. Aqui estão algumas palavras de Jesus sobre o Reino:

Certa vez, tendo sido interrogado pelos fariseus sobre quando viria o Reino de Deus, Jesus respondeu: "O Reino de Deus não vem de modo visível, nem se dirá: 'Aqui está ele', ou 'Lá está'; porque o Reino de Deus está no meio de vocês."
(Lucas 17:20-21)

Vamos começar por *onde* está o reino de Deus. Como posso dizer que "vivo" no Reino? Como posso declarar que o meu corpo reside fisicamente no local do Reino, tanto ou até mais do que reside atualmente em Charleston, na Carolina do Sul? Essencialmente, o reino de Deus está onde o Espírito de Deus reina. Se você está em Cristo, pela graça, por meio da fé, você faz parte do Reino. Essa é uma verdade extremamente importante sobre *você*. Você pertence ao Reino porque Deus a colocou ali. Fazer isso deixou Deus muito feliz, e nada pode abalar a sua cidadania no reino de Deus.

Dito isso, a crença de que o nosso corpo *vive* no Reino é importante porque nos lembra de que Deus reina até mesmo sobre a nossa carne física. O corpo não é uma seção compartimentada da nossa vida com relação à qual não precisamos consultar a Deus, ouvir sua voz ou buscar sua sabedoria.

Por que eu diria que vivemos no Reino *até mais* do que vivemos aqui no nosso espaço terreno presente? Bem, é porque o nosso espaço físico está passando — não vai durar para sempre como o Reino durará. As regras e as expectativas que o nosso espaço físico atual impõe ao nosso corpo estão sempre mudando, enquanto as expectativas do Reino são eternas. A cultura do nosso espaço físico atual diz que o nosso corpo está bem em um dia e não tão bem no próximo. Recebemos constantemente mensagens contraditórias sobre o nosso corpo. Por exemplo, falam que os cabelos longos estão na moda, depois que os cabelos curtos são o que há. Falam que o corpo curvilíneo é lindo, mas o "trator da magreza" está em toda a parte. Falam que envelhecer com graça é bom, mas também nos vendem todas as poções disponíveis para retardar o processo. A cultura não consegue se decidir. Enquanto Deus não hesita nem muda de ideia, as mensagens culturais ao nosso redor nunca se firmam no que é verdadeiro ou bom. E, como lembrete, não há ninguém na cultura atual que seja inalterável por toda a eternidade. Então, por mais real que a realidade terrena pareça, precisamos manter a perspectiva de que o Reino também está *aqui*.

O Reino está aqui e agora. E o Reino *vem* quando a vontade de Deus é *feita*. É vontade de Deus que eu odeie o meu corpo, que o machuque e o acuse? Não. É vontade de Deus que eu ame aquilo que ele criou, que eu o glorifique e experimente restauração, cura e esperança neste corpo? Acredito que sim. Então, aqui está uma reviravolta: não apenas saber que vivemos no Reino muda a nossa mentalidade em relação ao nosso corpo, mas concordar que *vivemos* no Reino torna seu poder mais presente aqui na terra. Você não apenas reconhece os princípios de uma mentalidade de corpo do Reino; você realiza a *obra* do Reino quando concorda que o seu corpo é bom. Onde está o Reino? Onde Deus tem autoridade. Como o Reino vem? Quando a vontade do Pai é cumprida na terra. Somos mulheres do Reino, e aceitar que o nosso corpo criado foi reconhecido por Deus como bom é absolutamente a vontade dele para a nossa vida — aqui e agora.

E esta é a parte empolgante e desafiadora: concordar é apenas o começo de uma mentalidade de corpo do Reino. Não me entenda mal; concordar que o seu corpo é bom iniciará um processo revolucionário que levará você à restauração e ao avivamento, mas o reconhecimento inicial exige uma séria consideração. Isso é ótimo, porque significa que podemos experimentar a emoção da cura e da esperança neste primeiro passo; tudo muda repentinamente quando aceitamos que o nosso corpo vive no Reino. Ainda há mais por vir, contudo. Há mais crescimento, mais exploração, mais compreensão esperando por aquelas de nós que continuam a buscar. Então vamos fazer exatamente isso. Vamos em frente.

UM MUNDO DE CABEÇA PARA BAIXO

Então, como alguém acessa este Reino incrível? Por intermédio da salvação.

Grande parte da teologia sobre a salvação que é amplamente ensinada hoje está enraizada no ato profético do Antigo Testamento, a Páscoa. A primeira Páscoa foi uma grande e incrível prefiguração de Jesus e do poder do seu sangue. Os israelitas estavam em perigo e precisavam ser resgatados. Moisés, seu líder, foi instruído a fazê-los rapidamente arrumar suas coisas e a marcar as portas de suas casas com o sangue do cordeiro, pois o anjo da morte viria à terra e "passaria adiante" das portas marcadas com o sangue do cordeiro. Aqui está um pequeno trecho:

"Ao comerem, estejam prontos para sair: cinto no lugar, sandálias nos pés e cajado na mão. Comam apressadamente. Esta é a Páscoa do Senhor. Naquela mesma noite passarei pelo Egito e matarei todos os primogênitos, tanto dos

homens como dos animais, e executarei juízo sobre todos os deuses do Egito. Eu sou o Senhor! O sangue será um sinal para indicar as casas em que vocês estiverem; quando eu vir o sangue, passarei adiante. A praga de destruição não os atingirá quando eu ferir o Egito. Este dia será um memorial que vocês e todos os seus descendentes celebrarão como festa ao Senhor. Celebrem-no como decreto perpétuo" (Êxodo 12:11-14).

Se olharmos para séculos depois da primeira Páscoa, encontraremos Jesus, o nosso Messias, fazendo sua última refeição ao celebrar a Páscoa com os discípulos. Ele os ensinava em sua caminhada final até o jardim do Getsêmani, a qual terminaria em sua prisão, seu julgamento e sua crucificação. O texto de 1Coríntios 5:7 estabelece essa conexão para nós, chamando Jesus de o "nosso Cordeiro pascal".

Por esse motivo, quando penso no momento da salvação na nossa vida, muitas vezes penso na Páscoa. O tempo e a cultura nos instigaram a reduzir a salvação a uma fórmula explicável, mas as coisas não são assim. Converse com alguém que está iniciando na fé, e essa pessoa confirmará isto: talvez, em algum momento, ela tenha sentido um fluxo de convicção e esperança; talvez isso tenha acontecido ao longo do tempo. Da mesma forma que Moisés não distribuiu diagramas mostrando como espalhar com exatidão o sangue do cordeiro nas portas, tento não definir a salvação em termos de métodos estritos e procedimentos mensuráveis.

Muitas vezes há convicção e esperança, e, às vezes, cura. Pode haver emoção, mas também pode haver lógica e razão envolvidas em ver o reino de Deus pela primeira vez. Os olhos se abrem, os ouvidos passam a ouvir. Existe a capacidade de responder em obediência, porém, acima de tudo, há o impulso

Uma nova mentalidade

arrebatador de um Deus irresistível movendo-se no nosso coração. De repente, nós constatamos que vivemos em um mundo de cabeça para baixo. Penso muito nos israelitas. Penso em como foi ouvir os gritos daqueles cujas casas não foram poupadas. Penso em como foi sair de suas casas com seus pertences e seus filhos reunidos, no meio da noite ou de manhã bem cedinho, escapando da escravidão, mas também deixando para trás qualquer senso de pertencimento. Fico imaginando como foi ser alimentado no deserto com o maná de Deus, mas desejar voltar àquilo que conheciam, desejar voltar à normalidade.

Penso na esperança sempre presente da terra prometida e em quantas dúvidas eles devem ter tido sobre sua existência. Eles eram os filhos de Deus, resgatados e mantidos em meio ao perigo, mas tudo em seu mundo virou de cabeça para baixo em um instante.

Para ser honesta, eu me sinto imensamente consolada quando me lembro de que viver no Reino muitas vezes se parece mais com os israelitas fugindo para salvar a vida no deserto e menos com o desfrutar do excesso norte-americano. Se você me diz que devo viver uma existência luxuosa e prazerosa enquanto espero pelo céu, fico me perguntando se estou fazendo algo errado. Entretanto, quando penso na vida pré-celestial como algo semelhante a receber provisão divina no deserto enquanto aguardo por algo mais, sei que estou no lugar certo.

O "reino de cabeça para baixo" é uma expressão popularizada pelo autor Donald Kraybill,[4] mas já a ouvi em tantos lugares e em tantas ocasiões que perdi a conta. A expressão remete à ideia de que nós, que seguimos a Jesus, nos encontramos

4   *The Upside Down Kingdom.* Herald Press, 1978. [*O Reino de ponta-cabeça.* São Paulo: Jesuscopy, 2017.]

LIBERTE-SE DA VERGONHA DO SEU CORPO

não mais leais à cultura ao nosso redor, mas ao reino de Deus. E seu Reino é completamente diferente do nosso.

Jesus e os autores da Bíblia nos dizem muitas coisas sobre o Reino no Novo Testamento. Aqui estão apenas algumas das coisas que nos são ditas:

- O reino de Deus não é deste mundo (João 18:36).
- O reino de Deus não é sobre comida ou bebida, mas sobre justiça, paz e alegria no Espírito Santo (Romanos 14:17).
- Jesus nos dará as chaves do Reino, e as nossas orações terão poder na terra e no céu (Mateus 16:19).
- Os pobres de espírito são considerados abençoados no Reino (Mateus 5:3).
- Não podemos olhar e ver o Reino, porque ele está no meio de nós (Lucas 17:21).
- O Reino é como um tesouro pelo qual estaríamos dispostos a abrir mão de tudo (Mateus 13:44).
- O Reino não se trata apenas de palavras, mas consiste em poder (1Coríntios 4:20).
- Os mansos herdarão o Reino aqui na terra (Mateus 5:5).

É nos dito que Jesus percorria cidade após cidade, curando pessoas e falando sobre o Reino.

Seu extenso ensinamento sobre o Reino não pode ser resumido nesta breve seção, mas podemos reconhecer uma verdade que Jesus queria que compreendêssemos: o reino de Deus não se parece em nada com a cultura desta terra. É de cabeça para baixo. É o inverso. É completamente diferente.

Você não pode comprar ou herdar o Reino como pode fazer isso com propriedades aqui na terra. A maneira de entrar é diferente — por meio da humildade, da fé infantil e da lealdade a Jesus. O objetivo do Reino é extremamente diferente do objetivo de viver na terra: o objetivo final é adorar a Deus e desfrutar dele na eternidade, ao passo que o objetivo da cultura terrena parece ser tornar-se o mais confortável possível *agora* e obter o máximo de riqueza material e excesso possível para conseguir isso.

Se uma mentalidade de Reino significa para nós estarmos despertas para um foco eterno, centradas em glorificar a Deus e interromper os vínculos do pecado, da morte e da destruição, então precisamos de uma visão invertida a respeito do nosso corpo. Amém?

Como cristãs, entendemos que Jesus nos convida a levar a totalidade da nossa vida para o Reino. Então, por que tendemos a deixar o nosso corpo fora dessa equação? Com muita frequência, o nosso corpo é abandonado sob a suposição de que ele é mais "deste mundo" e menos espiritual do que o resto. No entanto, o nosso corpo está destinado ao Reino.

A MENTALIDADE DO REINO PARA O CORPO

A pedra angular de uma mentalidade do Reino está no fato de que, se habitamos em um reino, temos um rei. O rei estabelece as regras; o rei define o tom cultural. No nosso caso, o Rei criou o Reino e tudo o que ele contém para seus próprios propósitos e seu prazer. O Rei está no comando, e precisamos conhecê-lo para entender como é viver em seu Reino.

O nosso Rei lidera com amor. O nosso Rei tem um bom plano e está comprometido em servir a seu povo. Na verdade, ele não chama seu povo de servos, mas de amigos. Mais do que isso, ele chama seu povo de filhos e filhas e de embaixadores e embaixatrizes, dando-lhes acesso a tudo o que ele mesmo tem e à capacidade de agir em seu nome. Ele é bom, perdoador, tardio para se irar e sempre misericordioso. Ele também é bom e justo; não fecha os olhos para a dor ou o quebrantamento — ao contrário, está sempre envolvido em propiciar resgate e redenção.

Ter um rei não garante automaticamente segurança, bênção ou uma vida fácil. Mas, e quanto a ter um bom Rei, um Rei generoso, um Rei amoroso — um Rei que está disposto a dar sua vida pela nossa liberdade? Isso é totalmente diferente. Porque vivemos em um Reino no qual o nosso Rei é também o nosso Criador e Salvador; a forma como vemos o corpo em que vivemos dentro deste Reino muda completamente. O nosso Rei ama o nosso corpo porque ele o criou à sua imagem, para sua glória. O nosso Rei ama o nosso corpo não porque seja apenas uma ferramenta com a qual ele pode realizar sua obra, mas porque é um tesouro no qual seu Espírito habita aqui na terra. O nosso Rei ama o nosso corpo e deu sua vida para que possamos experimentar o próprio Deus no nosso corpo aqui e agora e ver o nosso corpo restaurado na eternidade.

O nosso corpo vive em um Reino presidido por um Rei muito bom. E isso impacta e afeta a maneira como vivemos e nos movemos todos os dias.

Com isso em mente, vamos fazer algumas perguntas penetrantes: O que você acha que Deus pensa sobre o seu corpo? Qual é a posição de Deus em relação a você, como uma pessoa completa, neste exato momento? Se você e Deus se sentassem para conversar sobre o seu corpo, a sua imagem, o que você acha que ele diria a respeito?

Reconheço que precisamos de um momento de desvendamento agora mesmo (pelo menos, eu sempre preciso), e provavelmente precisaremos disso repetidamente. Precisamos separar o Deus que nos criou dos seres humanos falíveis que falaram em nome dele na nossa vida. Precisamos separar o Pai bom,

Uma nova mentalidade

gracioso e intencional daquelas pessoas que se voluntariaram para serem suas porta-vozes. Muitas vezes, precisamos desemaranhar e desembaraçar as verdades sobre a visão do nosso Rei em relação ao nosso corpo das mentiras que foram ditas por pessoas que afirmam amar seu Reino, ou por aquelas que têm boas intenções, mas ainda não compreendem a verdade do Reino sobre seu próprio corpo.

Neste livro, falaremos sobre renomear o nosso corpo e sobre o que significa experimentar a cura — e até mesmo a restauração — depois de saber como os outros nomearam ou rotularam o nosso corpo. Todavia, por ora, vamos direto às palavras do nosso Rei (que estão na Bíblia) e perguntar a nós mesmos: *Eu percebo e recebo a Deus sob a ótica correta? Ou eu atribuí suposições e atitudes a Deus que jamais pertenceram a ele?* Aqui está o que Deus diz sobre o nosso corpo:

Criou Deus o homem à sua imagem, à imagem de Deus o criou; homem e mulher os criou (Gênesis 1:27).

Como Deus se sente em relação à sua imagem corporal? Bem, ele criou você à *sua* própria imagem, então eu diria que ele se sente maravilhoso. É isso mesmo o que quero dizer. Eu acredito que Deus ama você e ama o seu corpo. Mesmo que você tenha se "abandonado" aos olhos do mundo; mesmo que você tenha feito mal ao seu corpo; mesmo que o seu corpo esteja ferido ou alterado. Além disso, não acredito que o Rei do nosso Reino seja capaz de *não* amar o seu corpo, ou ele deixaria de ser Deus.

Embora Deus não seja limitado, há coisas que ele simplesmente não fará porque são contrárias a seu caráter. Por exemplo, Deus não pode odiar sua própria imagem ou as pessoas que ele criou à sua imagem. Tecnicamente, Deus pode fazer qualquer coisa, mas ele é fiel a si mesmo e à sua Palavra, e simplesmente não agirá de maneira que não esteja de acordo com seus atributos de amor, perfeição e fidelidade revelados. A sua imagem corporal é a percepção que você tem do seu corpo. O interessante é que, quando Deus olha para o seu corpo, ele vê a si mesmo. Quando Deus olha para você, ele vê sua própria bondade e glória. E você precisa saber que Deus ama sua própria imagem. Deus não pode ver você sem ver a si mesmo e, quando Deus vê a si mesmo, ele vê glória.

Há algumas perguntas que estou tentando responder por você, mas, para aquelas de nós que estão em Cristo Jesus, acredito que o Espírito Santo e a Palavra de Deus são melhores comunicadores do que eu poderia ser.

Então, ao considerarmos essas perguntas sobre o seu Rei e a percepção dele sobre você, posso direcioná-la a alguns lugares nas Escrituras e permitir que o próprio Deus lhe fale?

Em Efésios, lemos sobre como ele nos criou com previsão e intenção:

> *Porque somos criação de Deus realizada em Cristo Jesus para fazermos boas obras, as quais Deus preparou antes para nós as praticarmos (Efésios 2:10).*

No salmo 139, somos lembradas de que ele intrincadamente nos criou. Ele não apenas nos vê, mas nos criou com amor e afeto:

> *Ah, sim! Tu me moldaste por dentro e por fora;*
> *tu me formaste no útero da minha mãe.*
> *Obrigado, grande Deus — é de ficar sem fôlego!*
> *Corpo e alma, sou maravilhosamente formado!*
> *Eu te louvo e te adoro — que criação!*

Tu me conheces por dentro e por fora,
conheces cada osso do meu corpo.
Sabes exatamente como fui feito: aos poucos;
como fui esculpido: do nada até ser alguma coisa.
(Salmos 139:13-16, A Mensagem).

Em 1Coríntios, somos chamados a lembrar que o nosso corpo é mais do que apenas um traje terreno ou um lugar profano fora da presença divina:

Ou vocês não sabem que o corpo é um lugar sagrado, onde mora o Espírito Santo? (1Coríntios 6:19, A Mensagem).

É aqui que a mentalidade do Reino para o corpo se torna poderosa, com mais *força* do que qualquer norma ou expectativa cultural: no Reino, não é *você* quem qualifica o seu corpo como bom; não é o *seu* pensamento repetido várias vezes que faz você acreditar. Você está seguindo as orientações do Pai que criou o universo. Não somos mais sobreviventes solitários enfrentando um mundo perverso que nos diz que estamos arruinados. Não estamos em um pesadelo ruim, tentando gritar, mas sem emitir som algum.

O rugido ensurdecedor do Leão de Judá está quebrando as correntes de vergonha, escuridão e derrota com esta proclamação de proteção sobre a sua amada: "Esta é minha filha. Eu fiz o corpo dela bom, à minha imagem. Que ninguém diga o contrário. O corpo dela é algo bom, muitíssimo bom."

PERGUNTAS

A que movimentos de imagem corporal você foi exposta?

•

Qual deles tem sido uma bênção? O que tem ajudado você a formar uma imagem corporal positiva?

•

Como você se sente ao saber que Deus não é neutro em relação ao seu corpo?

•

Você concorda que a cultura cristã convencional tem evitado essas mensagens? Por que você acha que isso acontece?

•

Qual é a sua reação imediata à ideia de que o seu corpo vive no Reino?

•

Você já imaginou viver no Reino com o seu corpo? Como seria?

PALAVRAS DAS NOSSAS AMIGAS

Sarah: *Eu cresci em uma cultura puritana e me ensinaram que o meu corpo era ruim. Não era algo sobre o qual se podia falar, e definitivamente não era algo que se podia amar e honrar. Foi somente na faculdade de fisioterapia, quando fiz uma aula de pilates para reabilitação, que ouvi a professora dizer várias vezes: "Agradeça ao seu corpo por ser tão forte. Veja o que o seu corpo pode fazer." Enquanto aprendíamos sobre como usar o pilates na reabilitação, também aprendíamos a afirmar e apreciar o nosso corpo por aquilo que ele podia fazer. Comecei a enxergar o meu corpo com gratidão por poder andar, correr e abraçar e encorajar outras pessoas. Isso me permitiu ver potencial e vida em lugares onde antes eu via apenas morte. Agora, quando estou tendo um dia ruim com a minha imagem corporal, listo as coisas que o meu corpo pode fazer e agradeço a Deus por elas. Às vezes, a lista tem apenas o registro de que o meu corpo me fez levantar da cama, e às vezes de que consegui levantar um peso mais pesado, mas isso mudou a minha perspectiva para poder agradecer a Deus pelas coisas que ele permite ao meu corpo fazer, em vez de focar na minha aparência física.*

Jillana: *O evangelho, em sua essência, abre espaço para o lamento e a expressão de frustração com o quebrantamento do mundo em que vivemos. O evangelho nos diz que gememos e estamos sobrecarregadas nesta "casa" e anelamos pelo céu e pelo nosso corpo ressurreto (veja 2Coríntios 5:4).*

Saber disso é um alívio porque podemos abrir mão do ídolo da melhor condição física e da ideia do corpo perfeito. Eu nunca terei um corpo perfeito aqui na terra. Quanto mais cedo eu puder aceitar essa ideia, mais cedo poderei me concentrar em ficar saudável e servir bem a Deus, enquanto aguardo o dia em que o meu corpo será perfeito em todos os sentidos, sem esforço algum.

3.

RENOMEANDO O QUE O MUNDO ROTULA COMO MENOS IMPORTANTE

Uma confissão — eu possuo muitos domínios, como em nomes de sites. Alguns anos atrás, percebi que, se tivesse uma boa ideia para um negócio, um livro ou um ministério, eu deveria comprar um domínio com esse nome na hora, ou pelo menos verificar se estava disponível antes de dar qualquer passo à frente. O problema é que às vezes me esqueço da ideia e acabo pagando uns doze dólares por ano para "manter" o nome de domínio. Por exemplo, uma vez comprei o domínio de site "iworkwithmodels.com" [algo como "trabalhocommodelos.com"] porque um grupo de colegas veio para o trabalho vestindo roupas realmente lindas. Pensei em começar um blog de moda no qual mostraria seus estilos fofos. Ainda possuo o domínio de site, mas não fiz nada com ele.

Parte do meu trabalho com a Go + Tell Gals [Vá e conte às garotas], a organização que eu dirijo, é ajudar as mulheres a assumirem o chamado dado por Deus de cuidarem e treinarem outras mulheres. Algumas noites atrás, eu estava trabalhando com um grupo dessas mulheres e tive uma ideia para um site: coachesareworthit.com [algo como "coachesvalemapena.com"]! Poderíamos iniciar uma campanha de marketing inteira em torno de por que é tão bom trabalhar com uma mulher que cuida de nós e nos dá treinamento. Fui registrar o domínio e descobri que já estava registrado. Quem mais registraria um domínio como esse? Acessei outro site para investigar qual era a propriedade do tal domínio e me deparei com algo muito engraçado. Eu sou a proprietária.

Eu já havia registrado o domínio.

Eu adoro dar nomes às coisas. Adoro escolher nomes para sites, para negócios, para bebês. Se você precisa de um nome para uma criança ou um livro, estou a postos para ajudar. Vamos arrumar um quadro branco, uma Bíblia e um dicionário de sinônimos e começar. Por esse motivo, os meus filhos adoram ouvir as histórias de como escolhi o nome de cada um deles.

Elias foi um nome presenteado por uma família conhecida que admirávamos muito. Eles tinham duas filhas adultas, nós estávamos esperando o nosso primeiro filho, e eles sempre desejaram usar o nome Elias, então tomamos esse nome emprestado. Benjamin, a nossa terceira criança e o nosso segundo filho homem, recebeu o nome de Benjamin depois que ouvimos um dos nossos pregadores favoritos explicar por que ele havia batizado seu filho como Benjamin. O significado é "filho da minha mão direita" e nunca quisemos que Benjamin se sentisse em segundo ou terceiro lugar, mas, sim, próximo, achegado e importante para nós. Cannon, o nosso bebê, que agora tem 7 anos, talvez tenha sido o mais fácil de batizar entre todos os nossos filhos. Tive uma gravidez difícil, com complicações e repouso na cama. Uma vez, no meio de uma ultrassonografia estressante, eu simplesmente disse o nome "Cannon Connolly" em voz alta. O nome simplesmente veio à minha cabeça e foi a rocha de que precisávamos para nos apoiar, a esperança de conhecê-lo face a face.

Gloriana Eloise é a nossa segunda herdeira e a nossa primeira filha. Seu nome conta uma história de sofrimento e esperança.

Inicialmente, ela seria Talitha Katherine Connolly – Tali Kate ou Talitha Kate. O meu marido e eu discutíamos sobre a pronúncia de Talitha, mas é uma palavra aramaica usada em Marcos 5, quando Jesus ressuscita uma menininha dos mortos. Ele diz: *"Talita cumi!"*, que significa "Menina, levante-se!" Eu amava esse relato de Marcos desde que me tornei seguidora de Jesus, e sempre planejei dar o nome de Talitha a uma filha.

E, então, chegamos à ultrassonografia de vinte semanas. Eu sabia no meu íntimo que era uma menina, e o aparelho de ultrassom, o gel e o monitor confirmaram essa intuição. A responsável técnica pelo ultrassom repetiu várias vezes as medições com o aparelho, sempre inclinando levemente a cabeça para a esquerda, como se algo não estivesse certo. Disseram-nos que o bebê parecia um pouco pequeno, mas não a ponto de nos preocuparmos. A equipe faria alguns testes extras e nos daria um retorno em seguida. A história da Glory é longa, bonita e redentora (e eu adoraria lhe contar tudo em outra ocasião), mas, para resumir, uma semana depois, nos deparamos com a possibilidade de perder a nossa linda menininha. O meu marido, Nick, e eu oramos; a nossa família orou; a comunidade se uniu a nós e orou; e, em algum ponto no meio desse turbilhão, eu sabia que não podia chamá-la de Talitha. Talvez eu não tivesse fé suficiente? Não tenho certeza. Mas eu sabia que não poderia chamá-la pelo nome de uma história na qual Jesus ressuscitou uma menininha dos mortos, se aquela não fosse a história da minha filha.

Decidimos então chamá-la de Gloriana, que significa "Glória nascida", porque certamente ela o seria — de uma forma ou de outra. Algumas semanas depois, foram feitos mais testes e, em uma ligação emocionante, fomos avisados de que tínhamos uma bebê saudável. Foi quase mais perturbador abandonar a nossa

LIBERTE-SE DA VERGONHA DO SEU CORPO

preocupação por ela do que tê-la em primeiro lugar, mas seguimos em frente com gratidão. O nome Gloriana permaneceu.

Sou também uma renomeadora e não tenho vergonha disso. Eu mesma passei de Jessica para Jessie, depois para Jessi, e então para Jess no decorrer dos meus trinta e seis anos. O meu nome foi mudando com a idade e a fase da minha vida, sempre me tornando um pouco mais consciente de quem Deus me fez ser, sempre tentando me inserir nisso com mais propósito e intencionalidade. Costumo dizer que há pessoas que me chamam de Jessi porque é familiar e é da família — isso significa que eles me conheceram antes de fundarmos igrejas ou escrevermos livros. Mas, se outras pessoas me chamam de Jessi, isso parece pesado, como se estivessem sugerindo que conhecessem quem eu realmente sou porque sabem quem eu costumava ser. É como se estivessem me chamando de Jessi porque não desejam que eu cresça.

Trocamos o nome do nosso antigo negócio duas vezes, uma vez porque simplesmente quisemos fazer isso e outra vez porque fomos obrigados a fazê-lo. Mudamos o nome da nossa igreja de Gospel Community [Comunidade do Evangelho] para Bright City [Cidade Brilhante]. Sentimos que Gospel Community era quem éramos, e Bright City era quem Deus estava nos pedindo para ser. Na narrativa bíblica, a mudança de nome era muito mais comum do que é agora, e eu gosto disso.

Abrão e Sarai se tornaram Abraão e Sara, aceitando com seus novos nomes que eles não seriam mais estéreis, mas a mãe e o pai de gerações.

Jacó se tornou Israel e, ao fazer isso, deixou de se identificar como um trapaceiro para se tornar alguém que luta honestamente e reconhece o poder do Senhor em sua vida.

Simão foi rebatizado Pedro (que significa "rocha") por Jesus, um nome que tinha peso e posição na igreja dos primeiros crentes — é especialmente importante lembrar que Jesus deu esse nome a Pedro mesmo sabendo que o discípulo o trairia. Ele disse a Pedro: "sobre esta pedra edificarei a minha igreja" (cf. Mateus 16:18), dando-lhe uma nova posição e uma nova responsabilidade.

Saulo se tornou conhecido como Paulo, marcando uma transição de vida que o fez passar de perseguidor de cristãos para o homem que escreveria a maior parte do Novo Testamento. É claro que nem todos os nomes são iguais. Todos esses são exemplos de nomes que foram dados ao destinatário com muito amor, nomes que foram cuidadosamente considerados e escolhidos para transmitir *significado* sobre a vida de uma pessoa.

Nomes menores são constantemente lançados sobre nós sem tal intenção — rótulos, acusações, até mesmo apelidos. Embora alguns nomes sejam projetados para nos elevar, outros são projetados para nos rebaixar. E quero que você me entenda sobre isto: a verdade é que nós podemos escolher quais nomes aceitamos. Há um poder incrivelmente belo em dar à alma a opção de concordar ou discordar do rótulo, da descrição, da projeção ou da percepção de valor que um nome lhe confere.

Não estou advogando que devemos todos nós correr para o cartório a fim de modificar o nosso nome legal, mas temos aqui a oportunidade de dar uma pausa e perguntar: *Eu concordo com o significado do meu nome? Eu concordo com o peso dos apelidos que foram atribuídos a mim ou que aceitei das outras pessoas? Estou participando ativamente do ato de nomear (coisas, outras pessoas, a mim mesmo) de uma maneira que dê vida?* E, é claro, todos nós devemos nos perguntar: Que nomes usamos para nos referir ao nosso corpo?

Você chama o seu corpo de ótimo? De estranho? De desajeitado? Você se autonomeou como forte ou fraca, única ou comum?

No passado, você atribuiu a si mesmo o rótulo de pálida, baixinha, curvilínea, confusa? Esses são mais do que meros rótulos ou descrições, especialmente quando nos apegamos a eles e vivemos como se fossem verdade definitiva. Lidamos com essas palavras como se não fossem grande coisa, mas sabemos que os nomes são absolutamente importantes, então vamos tratá-los como tal.

O NOME QUE FERE

Se estivéssemos próximas agora, o meu corpo poderia ficar estranhamente imóvel e eu tentaria fixar os meus olhos em você sem tornar isso estranho. Se eu percebesse que você é uma pessoa de contato físico, eu poderia segurar as suas mãos. Se o contato próximo fosse demais para você, eu poderia me afastar um pouco. O que estou dizendo é o seguinte: eu faria qualquer coisa que estivesse ao alcance do meu poder físico para garantir que ambas aproveitássemos ao máximo os momentos seguintes.

O fato de nos chamarem pelo nome errado na nossa vida tem sido uma grande parte de nossa ferida e, em nome de Jesus, acredito que voltar ao primeiro nome que nos foi dado pode nos curar.

Os nomes que nós e as outras pessoas demos ao nosso corpo compõem o trauma fundamental que muitas de nós ainda estamos tentando superar. O ato de nos chamarem pelo nome errado tem sido a arma que causa feridas contínuas na nossa identidade mais vulnerável. O ato de nos chamarem pelo nome errado vem de pessoas que amamos, de pessoas que odiamos, de pessoas que conhecemos e de pessoas que não conhecemos. O ato de nos chamarem pelo nome errado vem dos nossos próprios lábios e do alto-falante de uma cultura que se preocupa muito pouco com a nossa alma e muito com a nossa conformidade aos padrões. O ato de nos chamarem pelo nome errado deixa cada uma de nós se sentindo defeituosa, mesmo quando a nossa mente conhece uma verdade que diz o contrário. A minha intuição me diz que as lembranças de quando nos chamaram pelo nome errado no passado são muito próximas para nós, mesmo que não tenhamos pensado nelas por anos. O meu espírito me diz que podemos ter nos esquecido das palavras ou das pessoas que as proferiram, mas as feridas e os medos permaneceram conosco de igual forma. E a minha mente sabe que mesmo os nomes dos quais tentamos discordar, mesmo aqueles que tentamos rejeitar, tiveram um impacto em nós e nos deixaram marcas em certa medida.

Eu gostaria que não precisássemos dar nem mesmo um segundo de atenção ao fato de nos chamarem por nomes errados. Eu gostaria que pudéssemos balançar a cabeça e sacudir a devastação e a dor causadas por esses momentos passados. Mas um agressor tão prejudicial não pode ser ignorado, e as feridas simplesmente não cicatrizarão com o tempo se não as encararmos. Somos um povo ferido e, se é a cura o que queremos, é na nossa dor em que devemos prestar atenção, pelo menos o suficiente para chamá-la pelo que é e pedir ajuda a quem pode nos ajudar. A notícia incrível é que prestar atenção no fato de nos chamarem pelos nomes errados não dá mais poder a esse fato intrinsecamente, se soubermos que, no final, temos acesso ao poder de renomear.

O meu coração dói como mãe, filha e amiga ao dizer as seguintes palavras: é muito provável que o ato de nos nomear negativamente tenha começado em casa. Alguém a quem você amava, em quem confiava e de quem precisava chamou o seu corpo ou o próprio corpo de uma maneira que moldou para sempre o seu valor a respeito de si mesma. A sua mãe disse que não amava o próprio corpo, e isso foi alarmante para você. O seu pai disse que você estava muito pesada para brincar de cavalinho. Os mais velhos da sua família criticaram ou elogiaram abertamente o seu corpo de uma maneira que a deixou extremamente desconfortável. O seu irmão ou a sua irmã mencionaram casualmente alguma falha sua, e você nunca se esquecerá disso. Essas pessoas não são necessariamente más. Na maioria dos casos, provavelmente foi o nosso profundo amor e a nossa confiança nelas que nos causaram tanta confusão e dor quando essas coisas foram ditas.

A mim dói demais dizer que, para muitas de nós, a dor e as palavras foram muito mais diretas e opressivas do que as que acabei de descrever. E sinto muito por qualquer nome errado que lhe tenham atribuído em casa. Penso no primeiro nome errado, aquele que provavelmente aconteceu no lar para muitas de nós, como a primeira mordida da árvore do conhecimento do bem e do mal.

A serpente era inteligente, mais inteligente que qualquer outro animal selvagem que o Eterno havia criado. Ela disse à Mulher: "Será que entendi direito? Deus disse a vocês que não comessem de árvore alguma do jardim?"

A Mulher respondeu: "Claro que não! Temos permissão para comer das árvores do jardim. Só com relação à árvore que está no meio do jardim foi que Deus disse: 'Não comam daquela árvore, nem mesmo toquem nela, senão vocês vão morrer'".

Então, a serpente disse à Mulher: "Vocês não vão morrer. Deus sabe que, quando comerem daquela árvore, vocês vão perceber a realidade

> *e serão como Deus: conhecerão*
> *todas as coisas, tanto o bem quanto o mal".*
> *A Mulher olhou para a árvore e percebeu que o*
> *fruto era apetitoso. Pensando na possibilidade de*
> *conhecer todas as coisas, pegou o fruto, comeu e o*
> *repartiu com o marido — ele também comeu.*
>
> *Na mesma hora, os dois, de fato, perceberam a*
> *"realidade": descobriram que estavam nus! Então,*
> *costuraram umas roupas provisórias, feitas de*
> *folhas de figueira (Gênesis 3:1-7, A Mensagem).*

Você captou a ideia? Usar o nome errado foi incrivelmente sorrateiro por parte da serpente, *porque foi imensamente sutil.* A serpente sussurrou no ouvido de Eva, dizendo que, se a mulher fizesse aquilo, *então* seria como Deus — e, ao falar isso, a serpente a rotulou como alguém carente: *Eva, você não é boa o bastante da maneira como é agora. Você não é como Deus.* Fala sério, uma mentira magistral: os primeiros capítulos de Gênesis proclamam a glória do homem e da mulher como feitos à imagem de Deus!

Aquilo que Deus proclamou como *muito bom*, a serpente declarou como *insuficiente.*

Podemos observar o que veio em seguida: a vergonha. A primeira vez que Eva foi chamada pelo nome errado foi a primeira vez que ela foi apresentada à vergonha. É isto que a vergonha faz: ela sussurra que nos falta algo e, de repente, estamos cientes de quão "inferiores" somos aos olhos dos outros. Não sabíamos, e, então, de repente, passamos a saber. Assim como Eva não estava ciente de sua nudez e de repente se envergonhou de seu estado natural, quando acreditamos em um nome errado atribuído a nós, somos lançadas para uma realidade completamente nova que não concorda com a verdade do Reino sobre o nosso corpo. Assim como ocorreu a Eva, o conhecimento que vem de recebermos um nome errado não nos ajuda, de forma alguma; apenas nos prejudica. E não podemos deixar de ouvir ou ver um mundo depois de sermos expostas — a vergonha e o esforço se tornam ainda mais próximos da nossa pele e da nossa alma.

Para muitas de nós, esse tipo de nomeação também ocorreu na escola, talvez no recreio ou na cantina. Esses foram os primeiros momentos em que ouvimos outro ser humano usar palavras cortantes para qualificar o nosso corpo. Para mim, aconteceu em uma situação tão simples quanto as outras meninas começando um "clube de ginástica" no *playground*. Elas me disseram que eu não poderia entrar porque estava muito pesada para me erguer na barra. Elas estavam certas e, naquele mesmo instante, eu me senti tão errada! Comecei um clube de corrida com alguns meninos em vez disso, e agora me pergunto há quanto tempo tenho tentado inconscientemente superar aquele momento.

O ato de sermos chamadas por nomes errados pode ter acontecido inicialmente para você por causa da televisão, ou pode ter ocorrido mais tarde, quando você presumiu que passaria pela vida sem sofrer feridas. Pode não ter afetado você até o casamento ou após o nascimento do seu primeiro filho. Pode ter sido um professor, um instrutor de dança, um pastor de jovens, um namorado. Pode ter sido alguém que você nunca conheceu pessoalmente. Tenho uma memória distinta de passar por um garoto no corredor da escola — não me lembro de seu rosto ou nome — e de ouvi-lo mencionar com desprezo os braços de outra garota que eu conhecia; então, instintivamente, percebi que os meus braços eram ainda maiores que os dela. Aquele foi um ato de nomear errado, por um ser humano sem rosto e que não tinha importância no meu destino, mas não me esqueci disso por mais de dezoito anos.

Sermos chamadas por nomes errados no passado nos comunicou que éramos grandes demais ou pequenas demais. Sermos chamadas por nomes errados nos comunicou que deveríamos ter cuidado para não nos tornar certas coisas. Sermos chamadas por nomes errados nos comunicou que éramos anormais ou comuns. Sermos chamadas por nomes errados aconteceu na esfera natural, uma transação de palavras irreverentes e obscenas em que trocamos a nossa capacidade de ouvir pela nossa capacidade de acreditar que fomos criadas boas.

Sermos chamadas por nomes errados é algo que merece ser lamentado, algo que merece a nossa atenção. Isso não pode ser revertido, mas pode se tornar um episódio ressignificado e recuperado. Com uma mistura emblemática de misericórdia, graça e cura (às quais temos acesso completo), podemos ser mulheres que deixaram para trás os nomes pelos quais foram chamadas e que adotaram a beleza dos verdadeiros nomes que foram dados por Deus.

UM MOMENTO DE MISERICÓRDIA

Talvez você consiga se lembrar da primeira vez que algumas palavras foram usadas para descrever o seu corpo ou o corpo de outra pessoa. Talvez você possa se recordar do primeiro momento em que experimentou a sensação de segurança se dissipar, enquanto a vergonha, a decepção ou o medo começaram a inundar a sua alma. Se você conseguir se lembrar disso, ou se outra memória marcante vier à sua mente, posso convidá-la a passar apenas alguns momentos de volta a essa situação comigo? Não estou propondo isso por causa de uma introspecção mórbida, mas sim porque 2Coríntios 12:9 diz que o poder de Deus se aperfeiçoa na nossa fraqueza, e não quero perder nem um grama do poder ao qual temos acesso nessa área da nossa vida.

Outra razão pela qual quero encorajar você a continuar comigo, mesmo de volta ao lugar em que a dor ou a confusão possam ter começado, é porque o nosso herói está nos esperando exatamente ali. Nos filmes, ele aparece quando o perigo está no auge, quando o monólogo do vilão está no clímax ou quando a vítima vulnerável mais precisa de ajuda. O que é diferente para nós é que o nosso herói *sempre* esteve pronto e já estava caminhando conosco. Ele não precisava se apressar ou se esconder até o último minuto.

Eu sei que Jesus Cristo provavelmente não apareceu a você pessoalmente na primeira vez em que alguém se dirigiu ao seu corpo de maneira negativa. (Se ele apareceu, quero ouvir essa história, e pode crer que vou acreditar em você!) Mas acredito que o nosso Herói, o nosso Pai, o Criador do universo, não estava de olhos fechados para a origem do nosso desconforto em relação à forma como fomos criadas.

Eu acredito que podemos confiar nas promessas de Deus para nós.

Vamos retomar algumas das boas promessas que o nosso Pai faz:

O Eterno não deixa passar nada — ele está de olho
tanto no bom quanto no mau
(Provérbios 15:3, A Mensagem).

O Senhor protegerá a sua saída e a sua chegada,
desde agora e para sempre (Salmos 121:8).

*"Não tenham medo, eu os redimi. Eu os chamei
pelo nome. Vocês são meus.
Quando estiverem atolados até o pescoço em
problemas, estarei lá com vocês.
Quando estiverem atravessando águas profundas,
vocês não se afogarão.
Quando estiverem entre a cruz e a espada,
não será um beco sem saída —
Porque eu sou o Eterno, o seu Deus pessoal,
o Santo de Israel, seu Salvador".
(Isaías 43:2-3, A Mensagem).*

*Bendito seja o Deus e Pai de nosso Senhor Jesus
Cristo, Pai das misericórdias e Deus de toda
consolação, que nos consola em todas as nossas
tribulações, para que, com a consolação que
recebemos de Deus, possamos consolar os que
estão passando por tribulações (2Coríntios 1:3-4).*

Deus estava lá. Além disso, acredito que Deus estava entristecido. A criança a quem ele amava e criou com intenção, santidade, beleza e cuidado estava prestes a ser chamada de forma equivocada por outro ser humano, sem compreender a dor e a confusão que isso causaria.

Acredito que Deus estava lá. Acredito que ele estava cheio de amor, compaixão, misericórdia e profunda tristeza por você.

Tive uma amiga que passou por um trauma inacreditável quando um de seus filhos quase morreu. Mais tarde, ela participou de um ministério de oração, no qual a mulher que orava com ela lhe pediu que relembrasse o evento, visualizando onde Jesus estava em cada momento do trauma, com base no que ela conhecia do caráter de Deus.

Quando essa minha amiga relembrou o evento, ela viu Jesus, em sua mente, com o rosto cheio de misericórdia, compaixão e cuidado, segurando sua mão e segurando seu filho. Ele estava preocupado, mas não agitado; ele se movia com misericórdia.

Desde que a minha amiga me contou sobre essa experiência, tenho tentado fazer o mesmo com os momentos tensos ou aterrorizantes da minha vida. E convido você a experimentar agora mesmo essa prática.

Sabendo que o nosso Deus é cheio de justiça e verdade, sabendo que ele formou o seu corpo no ventre da sua mãe, sabendo que ele a ama e que deixaria todo o rebanho apenas para ir atrás de você, onde você acha que Jesus estava no momento em que você foi chamada de forma equivocada?

Como estava o rosto de Deus nesse momento? Onde estavam seus braços? Você acha que, talvez, em seu poder compassivo e onisciente, ele tenha pensado sobre e orado por *este* momento no meio *daquela* situação, antecipando ardentemente a restauração e a redenção que você experimentaria?

Estou fazendo a você um conjunto de perguntas incrivelmente intencionais sobre a sua alma: Você acredita que Deus a ama e cuida de você? Você acredita que ele tem misericórdia e compaixão por você nos seus momentos de maior fraqueza? Você acha que ele se entristece com a forma como o seu corpo foi chamado por você e pelos outros?

Eu acredito. Eu acredito. E eu acredito.

O Deus que é cheio de misericórdia em relação a você certamente estava lá quando você foi chamada de forma equivocada. Ele estava abalado com o fardo sendo lançado sobre você e já estava colocando em movimento um plano para que essa ferida fosse curada e pudesse ser usada na sua vida para o bem de outras pessoas e para a glória dele.

Não sou grata pelos momentos em que o meu corpo foi chamado com palavras profanas e em que uma identidade iníqua foi atribuída a mim com base na minha aparência. Não sou grata por esses momentos. Contudo, sou imensamente grata porque Deus estava lá, segurando-me com compaixão. E sou grata porque ele está aqui agora, trazendo restauração e redenção quando mais preciso. Este, agora, é mais um momento de misericórdia. E a compaixão e o cuidado de Deus estão à nossa disposição, se assim desejarmos.

O INIMIGO É O INIMIGO

Enquanto estamos refletindo sobre a tensão daquele primeiro momento de nomeação — ou de qualquer outro subsequente que nos venha à mente —, vamos pensar no vilão, o inimigo presente naquele momento. Quem foi que disse a coisa dolorosa, seja dirigida a você, ao próprio interlocutor ou à outra pessoa? Se você conhecia essa pessoa, como isso impactou a forma como você a amava e se sentia amada por ela dali em diante? À época pareceu que isso talvez tenha arruinado o relacionamento entre vocês?

A desconfiança foi introduzida nessa combinação de sentimentos? Você ficou chocada ao ouvir essa pessoa menosprezar outro alguém ou talvez até a si mesma?

Agora estou me perguntando se você já foi cúmplice em algum tipo de rotulagem, seja em relação ao seu corpo ou ao corpo de outra pessoa, seja na frente delas ou pelas costas. Você já usou as suas próprias palavras para pronunciar morte, derrota e abandono na carne que Deus formou com todo propósito e cuidado?

Suponho que sim. A minha resposta triste e convicta para mim mesma também é sim. Então, o que fazemos quando todas nós somos cúmplices em dar nomes negativos a outras pessoas? Quando todas nós já fomos vilãs em algum momento? Como avançamos de uma forma que esteja voltada para o Reino, mas que também honre a nossa dor e nos responsabilize pela dor que causamos?

Não acredito que devamos varrer todas as ocasiões de rotulagem para debaixo do tapete e dar uma absolvição geral às pessoas que nos feriram. No entanto, defendo que você e eu nos lembremos que o inimigo da nossa alma é o verdadeiro inimigo nessas situações. Lembrar disso nos ajuda a lutar contra o agressor correto, a perdoar a nós mesmas pelos nomes negativos que atribuímos ou que nos foram atribuídos no passado e a acessar a cura de uma forma mais completa. Vejamos o que as Escrituras nos dizem sobre o verdadeiro inimigo e como Jesus difere dele:

"O ladrão vem apenas para roubar, matar e destruir; eu vim para que tenham vida e a tenham plenamente" (João 10:10).

Quando me lembro de que também fiz parte desse horrível fenômeno de qualificar o nosso corpo fora dos bons limites que Deus criou e que nos sustentam, fica mais fácil sentir compaixão por aquelas pessoas que fizeram o mesmo comigo ou ao meu redor.

Quando me lembro de que o inimigo da minha alma é o autor das mentiras, aquele que quer que nos afastemos da verdade de Deus, fica mais fácil experimentar a misericórdia de Cristo e desejar o mesmo para as outras pessoas. Quando me lembro de que toda alma que cometeu o terrível erro de qualificar um corpo de forma negativa estava sujeita a este mundo caído e à propaganda que ele promove em relação à criação, fica mais fácil perdoar. Fica mais fácil lembrar que Satanás é o inimigo.

Perdoei algumas pessoas que usaram suas palavras para nomear negativamente o meu corpo, mas nunca mais falarei com elas. O perdão é por causa de Jesus, mas é *para mim*, para que eu não fique amarga, para que eu permita que a verdade das boas-novas de Jesus Cristo tenha espaço na minha vida. No entanto, não preciso continuar um relacionamento com essas pessoas para que o perdão seja completo. Isso não seria saudável nem levaria à minha plenitude.

Eu perdoei e ainda tenho relacionamentos com outras pessoas que usaram suas palavras para qualificar o meu corpo ou o corpo delas de maneira desoladora. Aprendi a usar as minhas próprias palavras para romper os laços com a negatividade que a maioria delas ainda expressa no exato momento em que as proferem. Eu as perdoei no passado, tenho compaixão por elas no presente, mas me recuso a permitir que suas palavras se depositem na minha alma, espírito ou corpo. Falaremos mais sobre como isso acontece na prática mais adiante.

A decisão de permitir que o Inimigo seja o meu inimigo, em vez do ser humano que me rotulou erroneamente, não nega a minha dor. Mas permitir que o Inimigo seja o inimigo não significa que palavras inseguras de outras pessoas tenham permissão para causar estragos na minha vida. Permitir que o Inimigo seja o meu inimigo não significa que eu jamais diga às pessoas quando e como elas me magoaram, para que ambas possamos crescer, esperançosamente. Lembrar que o Inimigo é o inimigo me ajuda a lembrar humildemente da minha própria necessidade do evangelho, enquanto direciona corretamente a minha raiva. Estou com raiva, estou quebrantada e estou destruída pela nomeação equivocada dos corpos que aconteceu e ainda acontece na nossa cultura. Estou com raiva, estou quebrantada e estou destruída pela quantidade de mulheres (e de homens) que experimentaram anos de dor ou escravidão pelo peso das palavras proferidas sobre elas e eles.

Mas a minha raiva ativa é direcionada ao inimigo da nossa alma, porque acredito que ele é o autor das mentiras e, por consequência, a origem do conflito. A minha raiva também é direcionada ao inimigo da nossa alma porque me disseram como lutar contra ele e combater seus avanços sem hesitar. Na verdade, fui ordenada e capacitada a demolir as fortalezas que ele deseja introduzir na minha vida, e você também foi.

Talvez o que me deixe com mais raiva em relação ao Inimigo e à rotulação negativa que ele tenta impor na nossa vida seja que essa é uma tentativa de usurpar nossa herança familiar dada por Deus. O nosso Pai é um nomeador no cerne de seu caráter, e recebemos a autoridade poderosa de dar nome às pessoas e coisas de uma maneira que dá vida por intermédio da nossa adoção na família de Deus. Essa capacidade de qualificar coisas como boas é um presente dado pelo Reino, que é também o nosso legado, e precisamos retomá-la do ladrão mesquinho que pensa que está comandando a situação.

UM NOMEADOR E UM DOADOR

Vamos nos afastar do assunto do Inimigo e prestar atenção no Pai e no que ele fez nos incríveis momentos da criação. Junte-se a mim em Gênesis:

*Criou Deus o homem à sua imagem, à imagem de
Deus o criou; homem e mulher os criou.*

*Deus os abençoou e lhes disse: "Sejam férteis e
multipliquem-se! Encham e subjuguem a terra!
Dominem sobre os peixes do mar, sobre as aves
do céu e sobre todos os animais que se movem
pela terra".*

*Disse Deus: "Eis que dou a vocês todas as plantas
que nascem em toda a terra e produzem sementes,
e todas as árvores que dão frutos com sementes.
Elas servirão de alimento para vocês. E dou todos
os vegetais como alimento a tudo o que tem em
si fôlego de vida: a todos os grandes animais da
terra, a todas as aves do céu e a todas as criaturas
que se movem rente ao chão". E assim foi.*

*Deus viu tudo o que havia feito, e tudo havia
ficado muito bom. Passaram-se a tarde e a manhã;
esse foi o sexto dia (Gênesis 1:27-31).*

Eu já disse antes, e vou dizer mais uma vez: Eu ficaria muito grata se pudéssemos ver uma reprodução da criação no céu. Não seria incrível? Imagine, em um dia na nova terra, um Jesus sorridente distribuindo ingressos para um anfiteatro do tamanho do Grand Canyon. Mal posso esperar. Temos um cinema 4D no aquário aqui em Charleston, e os meus filhos e eu adoramos ir lá. É 4D porque é um filme em 3D com cheiro e movimentos de luz. Às vezes, se o filme é sobre baleias ou algo assim, no momento certo, o sistema borrifa água na plateia. Parece loucura, mas é incrível.

Imagino que o anfiteatro eterno seria ainda mais louco do que isso. Talvez, de repente, estivéssemos caminhando no jardim,

LIBERTE-SE DA VERGONHA DO SEU CORPO

observando o solo cheio de vida ou as águas ainda fervilhando após serem separadas. Sabe no que eu prestaria atenção? No rosto do Pai quando ele nos criou. As Escrituras nos dizem que o Deus trino estava presente na criação e disse: "*Façamos* o homem à *nossa imagem*" (cf. Gênesis 1:26). Será que o Espírito estava explodindo, como se fossem fogos de artifício cinéticos? Será que Jesus estava ajoelhado por perto? Imagino que todos estivessem sorrindo — ou talvez fazendo algo mais do que um sorriso. Não preciso, porém, imaginar o prazer, a alegria e até mesmo a delícia divina no trabalho de suas mãos.

Deus fez a luz com a sua Palavra e a chamou de boa. Ele fez a escuridão e a chamou de boa. Ele fez a terra e a água, as plantas, o sol e a lua, e então os animais — e chamou tudo de bom. Deus, o nosso Pai, não ficou surpreso com sua própria habilidade ou capacidade. Não havia chance de que fosse ser ruim. E, ainda assim, em todas e a cada vez, ele usou o mesmo fôlego que usou para criar e então confessar e confirmar como tudo o que ele havia feito era *bom*.

Mas então Deus criou as pessoas, e algo mudou.

A palavra grega para "muito" em Gênesis 1:31 ("E Deus viu tudo o que havia feito, e tudo havia ficado *muito* bom") é potencialmente a minha palavra favorita em toda a língua grega. É a mesma palavra que significa "muito" quando Deus diz a Josué para ser *muito* corajoso em Josué 1:7. A palavra é מְאֹד, ou *meod*, e significa "muitíssimo". Muitíssimo bom. Ele recuou, viu o que havia feito e disse: "Isto é muitíssimo bom."

Deus criou você com sua palavra, declarou que sua criação era algo bom com a mesma palavra, e ele continua conosco e com essas palavras. Ele continua proferindo afirmação, vida e valor em nós e sobre nós, pelo poder de sua Palavra. É como se ele não conseguisse se fartar de nós, de falar conosco.

84

Ele nos chamou de algo bom com sua Palavra.

Ele nos dá sua Palavra quando não sabemos o que dizer (Romanos 8:26).

Ele realiza o que deseja na nossa vida por meio de sua Palavra (Isaías 55:11).

Ele nos revela o que está por vir por meio de sua Palavra (João 16:13).

Ele nos conta segredos em sua Palavra (Jeremias 33:3).

Ele vai encerrar a luta para sempre com sua Palavra (Apocalipse 12:10).

A nossa vida com Deus é moldada pelas palavras que ele continuamente fala a nós, sobre nós e por meio de nós. Ela começou com palavras e é sustentada por sua Palavra. Ele fala, e a terra é mantida. Ele fala, e a graça é estendida. Ele fala, e a criação ganha vida. Ele fala, e o valor é atribuído.

Deus é um comunicador, mas suas palavras nunca perdem valor com o aumento do volume. Cada palavra que ele fala é perfeita, calculada, verdadeira, justa, correta, real e incrivelmente significativa.

Você pode confiar na voz de Deus mais do que em qualquer outra. E ele chamou você, que é criação dele, de algo bom. Ele a chamou de algo *muito* bom. Foi Deus quem a qualificou pela primeira vez. Ele lamenta quando o mundo chamou ou chama você de outra forma, e é sua Palavra que pode nos restaurar e nos enviar cura.

Dar nomes é o direito do nosso Deus como Criador. Esse é o negócio de Deus como Redentor. É a forma pela qual ele demonstra valor, direção e importância. Dar nomes é como ele nos lembra de suas promessas e práticas.

A pergunta que devemos fazer a nós mesmas é: Quem desejamos ouvir e a quem queremos obedecer? Que rótulo aceitaremos e adotaremos? Que nome permitiremos que nos defina?

O que há em um nome? E a quais nomes escolheremos reagir? Quais deles escolheremos rejeitar?

Não vamos responder a essa pergunta tão rapidamente. A resposta fácil seria "Deus, é claro!" Então poderíamos seguir em frente, como se fosse simples, como se tudo se resolvesse. No entanto, acredito que seja uma pergunta profunda que merece mais do nosso tempo. Ao longo deste livro, vamos examinar alguns nomes que foram atribuídos ao nosso corpo, e peço que consideremos sinceramente se queremos aceitar o que a cultura nos impõe ou se vamos lutar contra o *status quo* e concordar com a Palavra de Deus e o que ele nos falou.

Cada momento exigirá consideração e exame cuidadoso do nosso coração, mas a nossa cura e a esperança de viver livres estão ao nosso alcance. Acredito que valerá absolutamente a pena considerar o que Deus disse em oposição aos nomes que nos foram atribuídos erroneamente.

Quando você consente com um nome, consente em ser conhecida pelo nomeador. Quando consentimos com o nome que Deus nos deu, é ainda mais poderoso, porque estamos reconhecendo que também *pertencemos* a ele.

> *Depois que formou da terra todos os animais do campo e todas as aves do céu, o Senhor Deus os trouxe ao homem para ver como este lhes chamaria; e o nome que o homem desse a cada ser vivo, esse seria o seu nome. Assim o homem deu nomes a todos os rebanhos domésticos, às aves do céu e a todos os animais selvagens (Gênesis 2:19-20).*

A primeira tarefa que o ser humano recebeu foi a de dar nomes, uma prova de que o nosso Pai estava levando a sério toda esta questão de "feito à nossa imagem". O que Deus faz, nós somos capazes de fazer. E mais — o que Deus faz, nós somos convidadas e ordenadas a fazer. Você acha que isso aconteceu apenas no jardim? Não, vamos dar uma olhada em Provérbios:

Do fruto da boca enche-se o estômago do homem;
o produto dos lábios o satisfaz.

A língua tem poder sobre a vida e sobre a morte;

os que gostam de usá-la comerão do seu fruto
(Provérbios 18:20-21).

E se parte da cura ao nosso alcance está em seguir em frente e dar nomes? E se a nossa participação em reverter a maré da nossa cultura é exatamente onde encontraremos a nossa liberdade definitiva? E se usar as nossas palavras para construir um mundo no qual outras mulheres acreditem na verdade de Deus sobre seu corpo é o que realmente nos ajudará a acreditar nisso também?

E se dar nomes às coisas e pessoas também for a nossa responsabilidade, mas nós a estamos evitando porque não percebemos o que está em jogo? E se tivermos a resposta para o que aflige uma geração comprimida no nosso coração, nos nossos aparelhos telefônicos, nos nossos bolsos, nas nossas bolsas, por meio das nossas Bíblias? E se a verdade e a Palavra de Deus, dadas a nós como embaixatrizes, forem o bálsamo de cura pelo qual clama a criação?

E se nós somos as nomeadoras, sinta-se livre para declarar vida, para levar esta mensagem às pessoas que mais precisam: "O seu corpo é bom."

PERGUNTAS

No que você pensa quando pensa no seu próprio
nome? Como você se descreve?

•

Qual é a primeira situação negativa de rotulagem
que vem à sua mente?

•

Que tipo de doadora de nomes você
deseja ser?

PALAVRAS DAS NOSSAS AMIGAS

Tiffany: *Desde criança, sempre havia pelo menos uma colega de classe com o mesmo nome que o meu. Foi assim até eu entrar na faculdade de optometria, aos 23 anos. Como sempre tive o nome compartilhado com outras colegas, ao escolher o nome dos meus filhos, assim como Jess, fiz isso com muito cuidado. Procurei nomes que não estivessem nas listas dos nomes mais populares de bebês. Procurei nomes com profundidade e significado, e muitas vezes oro para que os meus filhos cresçam em caráter com base nesse significado. Fomos criadas por um Deus que não apenas nos fez à sua imagem, mas chamou sua criação de muito boa. Assim como quero que os meus filhos se lembrem de quem são com base no nome que lhes dei, Deus quer que nos lembremos de quem ele diz que somos, mesmo com relação a esta casa terrena. Suas palavras "muito bom" não se aplicam apenas aos aspectos socioemocionais do nosso ser, mas a toda a nossa pessoa. Não podemos permitir que o Inimigo nos convença de que somos "Tiffany, com as pernas e o bumbum grandes", como eu era chamada quando criança, e também não podemos identificar as pessoas como algo diferente do que Deus diz que elas são.*

Deus deu ao ser humano a autoridade para dar nomes às coisas, e as nossas palavras têm peso. Quero escolher palavras que aliviem, em vez de acrescentar mais ao peso que muitas de nós já carregamos.

RWP: *Desde o mais longe que consigo lembrar, os adultos da minha vida falavam sobre seu peso corporal e a necessidade de fazer dieta. Não importa se as palavras sobre a boa forma eram ditas diretamente para mim ou apenas na minha presença, elas definitivamente moldaram o meu pensamento. "Magro" e "magra" eram sinônimos para uma pessoa saudável. Pouco depois do nascimento do meu terceiro filho, eu estava falando demais sobre "comida de dieta" e querendo que o meu bebê perdesse peso! Em determinado momento, o meu filho mais velho, que tinha quatro anos na época, começou a chorar e disse: "Mamãe, não quero que você morra!" Percebi rapidamente que, para os ouvidos dele, fazer dieta e morrer soavam muito parecido. Foi uma chamada de atenção de que ele estava ouvindo as mesmas coisas que eu me lembrava de ouvir. Mas só percebi alguns anos depois, quando estava na casa dos trinta e poucos anos, que fazer dieta não era o espaço padrão em que eu queria viver pelo resto da minha vida. Eu poderia mudar a narrativa. Eu poderia mudar a forma como usava as palavras "saudável" e "magra" de forma intercambiável. Posso dar nome às coisas como as vejo agora, não como as via quando era uma criança confusa. Posso ser uma doadora de nomes fundamentada na verdade DE DEUS.*

Kim: *Sou muito boa. Eu não tinha noção de que precisava ouvir isso. Eu sou MUITO BOA. Cortei laços com os* *rótulos que me foram atribuídos durante a minha vida, mas não consigo me lembrar de um nome específico que alguém me atribuiu relacionado ao meu corpo. A única coisa que sei é que já me chamei de muitos nomes. E, mesmo que eu não tenha chamado outras pessoas por nomes em voz alta, admito que fiz isso na minha mente. Também participei de conversas com outras mulheres em que houve rotulagens relacionadas ao corpo. Quero ser uma agente de mudança, quero fazer parte do processo de dar bons nomes a uma geração desesperada por cura. Quero declarar vida e liberar liberdade para os cativos e as cativas. Quero ser conhecida por isso.*

4.
O SEU CORPO NÃO PERTENCE AO MUNDO

Já ouvi falar de pessoas fazendo coisas estranhas com o Ambien, o medicamento para dormir. Algumas pessoas comem ou enviam e-mails sob o efeito do Ambien. Mas não foi isso o que aconteceu comigo.

Eu realmente enviei um e-mail no meio da noite, mas não fui induzida por medicamentos. Acho que estava desesperada. Deve ter acontecido algo enquanto eu dormia, algo que revelou quão frenética a minha alma se sentia. Quem sabe de onde tirei aquele endereço de e-mail ou o que a primeira mensagem dizia. Acho que simplesmente implorei descaradamente por ajuda.

Enviei um e-mail para Alisa Keeton, fundadora e diretora do ministério *Revelation Wellness* [Revelação do bem-estar], dizendo que estava desesperada por uma mudança no meu corpo e na maneira como eu o encarava. Eu estava cansada da aparência do meu corpo, mas também estava exasperada com a forma como me *sentia* em relação a ele — não fisicamente, mas espiritualmente. Eu estava profundamente mergulhada em dor. Havia chegado ao limite.

Perguntei a Alisa se ela poderia me orientar na minha jornada de saúde e condicionamento físico, porque eu precisava de ajuda.

O seu corpo não pertence ao mundo

No dia seguinte, ela respondeu e disse que sim, que poderia me ajudar, mas queria saber se também teria acesso ao meu coração durante o processo. Mais do que isso, ela queria que *Deus* tivesse acesso ao meu coração. Começamos um relacionamento de mentoria naquela semana. Alisa me guiou pelo programa que ela havia desenvolvido para que as pessoas se libertassem e permanecessem livres, o que envolvia muito trabalho espiritual. O trabalho físico apenas seguia o caminho do nosso coração. Na primeira semana, os exercícios que eu deveria fazer eram intimidadores e me deixaram dolorida, mas, na terceira e na quarta semanas, eu já estava me exercitando com liberdade e gostando de descobrir até onde eu poderia me esticar à medida que o meu corpo enfrentava novos desafios. Experimentei uma liberdade incrível sob os cuidados de Alisa. Não consigo agradecer a Deus o suficiente pelo que ele fez por meio dela naquela temporada.

Quando terminamos aquelas várias semanas de treinamento intensivo, Alisa e eu continuamos amigas. Ela me estimulava a continuar tocando o meu sino de liberdade com relação ao meu corpo. Às vezes, ela me mandava uma mensagem de texto e perguntava: "Você ainda está no trem da liberdade?" Às vezes eu respondia que estava me arrastando; às vezes dizia a ela que estava cavalgando no topo do trem, gritando para outras pessoas entrarem. Qualquer pessoa que tenha passado anos maltratando o próprio corpo sabe que é possível concordar com a liberdade na sua mente, mesmo que não ela não seja sentida nos ossos. Às vezes eu me sentia livre, mas, depois do meu trabalho com Alisa, eu sempre *soube* que estava livre, e isso fez toda a diferença.

Quanto mais livre eu me sentia, mais livremente eu agia. Quando comecei a trabalhar com Alisa, eu fazia exercícios ocasionalmente, talvez me dedicando a uma ou outra corrida. Na verdade, nunca me senti muito em forma ou atlética, mas Deus estava reescrevendo a história e renomeando meu corpo, e de repente este novo mundo se abriu para mim. E a partir daí não parei mais. Movimentar o meu corpo não era mais um castigo ou um momento do meu dia que me deixava afundada em vergonha. Eu me sentia em casa na minha pele, não por causa de sua aparência, mas porque eu estava passando tanto tempo conectada ao meu corpo. Endorfinas inundavam o meu ser, e passei a acessar o desejo dado por Deus de comer alimentos que eram bons para mim. Eu me matriculei em uma academia, treinei para meias-maratonas, comecei treinos malucos como ioga aérea, em que eu pendurava em cordas de seda presas ao teto. Quando você não sabe que é livre, você não se pendura em cordas de seda presas ao teto, entende? Tudo estava mudando, e Alisa teve o privilégio de testemunhar isso bem de perto.

À medida que o trem da liberdade avançava, encontrei um pequeno obstáculo. Ok, foi um obstáculo de tamanho médio. O trabalho estava aumentando, os meus filhos precisavam mais de mim conforme cresciam, e o equilíbrio da minha vida ficou um pouco balançado. Eu estava prestes a terminar o meu primeiro livro, fazia exercícios todos os dias, administrava um pequeno negócio e cuidava da nossa igreja local, quando o meu corpo sofreu um colapso. Eu me vi no hospital com meningite, verdadeiramente abençoada por não estar mais doente do que eu estava, mas com um longo caminho de recuperação pela frente. Em seguida, a meningite/estadia no hospital/ingestão de medicamentos no meu corpo desencadeou uma série de alarmes na minha saúde; a minha doença autoimune se manifestou e comecei a desenvolver infecções em várias partes do corpo.

No meio disso, ganhei uma quantidade significativa de peso em bem pouco tempo.

A minha doença autoimune particular é a Tireoidite de Hashimoto, que ataca, é claro, a tireoide. Fui diagnosticada em 2008 e tive períodos em que isso era apenas um incômodo e outros momentos em que era difícil de controlar. Os sintomas mais simples são sentir frio e cansaço, e ter dificuldade em perder peso. Contudo, os sintomas mais graves estão relacionados à imunidade; quando fico doente, fico *realmente* doente. Por alguns anos seguidos, tive pneumonia quando todos os outros tinham resfriados. Então, quando tive meningite, fiquei *realmente* doente. Tudo começou a desmoronar no meu corpo, o que foi especialmente frustrante, considerando a vitória na saúde que eu havia conquistado recentemente.

O meu coração estava no trem da liberdade, mas a minha carne estava vacilante e sofrendo. Foi uma temporada complicada, mas eu estava grata pela verdade guardada no meu coração.

No meio de tudo isso, comecei a consultar uma nova profissional que trabalhava com mulheres com doenças autoimunes, e seu programa *realmente* me ajudou a começar a experimentar alguma cura. Eliminamos todos os alimentos que agravavam a minha doença, e passei a fazer menos exercícios cardiovasculares e mais levantamento de peso, já que era o melhor para o meu sistema suprarrenal. Descansei mais, escovei a minha pele a seco e bebi muita água. O meu corpo começou a responder rapidamente a essas mudanças. Eu estava muito grata. Eu estava me esforçando, amando mais o meu corpo a cada pedacinho intencional que entrava nele e tentando, com todas as forças, avançar com paciência e gentileza, já que ele (o meu corpo) havia passado por tanta coisa.

A profissional que estava me apoiando também tinha problemas de imagem corporal, e ocasionalmente conversávamos sobre isso. Eu já havia começado a declarar quão boa era a minha própria carne, mas esse ainda era um assunto delicado na época.

Nunca há uma fonte "boa" para ouvir más notícias, mas é especialmente doloroso quando uma verdadeira operação de "desnomeamento" vem de alguém que está guiando você. Nesse caso, era a minha treinadora. Eu confiava nela para me orientar; tinha assumido que, porque ela era uma mulher cristã e compassiva, trabalharia com o mesmo conjunto de verdades que eu. Mas, como eu estava prestes a descobrir, ela estava em sua própria jornada relacionada a amar seu corpo como boa criação de Deus.

Alisa havia me orientado a afirmar positivamente o meu corpo enquanto o exercitava e a concordar com a nomeação de Deus especialmente quando eu me *sentisse* fraca. Ela até me orientou a afirmar positivamente o meu corpo enquanto eu experimentava roupas no provador, nunca permitindo que um momento delicado se transformasse em terreno para o Inimigo dilacerar o meu coração.

Mas a treinadora não tinha a mesma perspicácia e sabedoria que Alisa. Isso era compreensível, pois não tenho certeza se alguém na terra tem tanta sabedoria e visão quanto Alisa. É com compaixão e graça que posso dizer que perdoei completamente a minha treinadora por aquilo que ela disse em seguida. Eu sei que foi um erro e que, aquilo que o Inimigo pretendia fazer para o mal, Deus usará para o bem.

Estávamos no meio de um treino intenso, eu me exercitando com todas as forças de que dispunha, e, para me distrair, ela estava me contando sobre suas preocupações com

a própria imagem corporal. Acho que eu estava fazendo agachamentos com uma barra irritantemente pesada.

A treinadora havia ganhado peso recentemente, e isso a
estava desanimando, conforme ela mesma me disse.

Eu fiz outro agachamento e mal estava prestando atenção
na conversa.

Na verdade, ela começaria a ter ajuda de outra treinadora
que a auxiliaria na perda de peso, ela contou.

Eu fiz outro agachamento.

Foi quando ela me olhou e, com lágrimas nos olhos, disse:
"Jess, estou pesando cerca de dez quilos a menos que *você* agora, e isso é perturbador."

Naquele momento, eu soltei a barra.

Respirei fundo e reuni todas as forças que pude encontrar
no meu corpo enquanto me aproximava lentamente dela. Ela
estava virada para o outro lado e me olhou com surpresa,
pronta para me mandar voltar a fazer agachamentos.

Eu precisava falar a verdade.

"O meu corpo é bom", eu disse. "Não é um indicador de coisas ruins. Por favor, não se compare a mim de forma negativa
novamente."

Ela não ficou na defensiva, apenas assentiu com a cabeça
enquanto eu falava, com lágrimas nos olhos e o rosto corado
de vergonha, presumo. Ela era e continua sendo uma filha de
Deus que ama e serve outras mulheres, e sei que sua intenção
não era me machucar. Ela pediu desculpas.

O restante do treino foi um pouco tenso, mas nós duas conseguimos completar a hora inteira que tínhamos programado.
Fui até o meu carro e, instintivamente, liguei para Alisa. Eu
estava chorando. Foi uma ligação muito parecida com aquele
primeiro e-mail — eu não sabia realmente que estava me co-
municando com ela até ouvir sua voz do outro lado da linha.

E foi quando tive uma das conversas telefônicas mais milagrosas da qual jamais vou esquecer. Acho que Alisa nem disse oi. Ela simplesmente começou a falar quando atendeu ao telefone. "Deus me disse que você ligaria", ela contou. "Ele me orientou para eu diga a você que o seu corpo é bom, e ninguém pode falar o contrário. Ele me disse que a ama e que você está indo muito bem. O seu corpo é bom. Sinto muito que isso tenha acontecido. O seu corpo é bom."

Até hoje, nunca contei a ela a história completa. Não foi necessário. Ambas nos lembramos daquela ligação com carinho — eu, porque ela absolutamente consolidou a minha crença de que Deus me ama e cuida de mim intimamente, e Alisa, porque foi outra oportunidade de usar seu dom e sua habilidade de ouvir a Deus.

No entanto, mais do que ser grata por aquela ligação telefônica, sou incrivelmente grata pelo que Alisa me ensinou: o mundo não será gentil com o meu corpo e, portanto, o mundo não tem o direito de falar sobre ele.

ACEITE OU REJEITE

Somos grandes defensores da concordância na família Connolly. Não da concordância no sentido de "todos têm de se dar bem", mas concordância no sentido de confirmar e manter o que está sendo dito a você. Se estamos ensinando os nossos filhos, muitas vezes pedimos que eles repitam o que estamos dizendo para termos certeza de que concordam. Mesmo quando estamos encorajando uns aos outros, podemos repetir o discurso e dizer: "Pense sobre isso!" enquanto massageamos carinhosamente o peito ou as costas da pessoa.

Há alguns anos, Nick pregou uma série de sermões chamada "Eu concordo" e usou a ilustração dos breves termos legais que surgem nos nossos celulares e computadores quando baixamos um novo aplicativo ou nos cadastramos em algo novo.

Esses termos geralmente são juridicamente vinculativos, mas, sejamos honestas, nós não os lemos. Apenas rolamos, rolamos, rolamos até o final e clicamos em "Concordo". Na série de sermões de Nick, ele abordou como muitos de nós fazemos o equivalente na nossa vida espiritual. Folheamos a Bíblia ou assistimos a vários sermões e dizemos "Concordo, concordo, concordo" sem realmente reconhecer o peso do que nos foi dito.

É um presente para nós lembrar que, quando se trata dos rótulos que o nosso corpo recebe das outras pessoas, temos a capacidade poderosa de concordar ou discordar. Temos o direito de aceitar ou recusar.

Existem algumas situações em que podemos nos sentir menos capazes de nos libertar e aceitar ou rejeitar certos acordos. Essas situações tornam essa prática menos direta, então vamos abordá-las primeiro. Simplificando, é difícil para uma criança discordar de seus pais quando elas são muito pequenas e quando coisas são ditas sobre seu corpo, sua pessoa, seu valor e sua vida. Se você não tinha palavras para rejeitar algo que um membro da família falou sobre o seu corpo quando você era adolescente, não há vergonha nisso. Existe apenas compaixão e cuidado de um bom Pai que nunca teria falado assim com você.

Essas palavras podem ser devastadoras, quer tenham sido palavras diretas e maliciosas proferidas contra você, quer uma injúria mais sutil de palavras que surgiram ocasionalmente. Pode ter sido um apelido ou uma insinuação, uma comparação ou uma longa sequência de críticas. Seja qual for a maneira como as palavras foram apresentadas, uma verdade permanece: as crianças têm uma dificuldade enorme para rejeitar as mentiras e palavras cruéis de adultos que têm autoridade sobre elas.

E esses primeiros momentos na infância muitas vezes fazem que elas se sintam incapazes de lutar contra os nomes errados que vêm de outras pessoas nos anos seguintes.

Mas aqui há algo sobre o que refletir: a partir de uma mentalidade do Reino, as crianças não "pertencem" aos pais. Elas são confiadas aos pais, mas são do Senhor. Até mesmo legalmente, chamamos as crianças de "dependentes", não de propriedades. Um pai não tem autoridade para substituir o nome que Deus já deu a seu filho. E, se Deus chamou alguém de bom, que ninguém diga o contrário.

Este não é um livro sobre maternidade. Direi, porém que a minha convicção pessoal é que o meu chamado como mãe é ouvir a Deus e refletir seu coração de volta para cada um dos meus filhos. Isso requer oração e esforço para fazer uma pausa e ouvir o coração de Deus para cada um deles. Preciso ter muito cuidado com as palavras para não colocar sobre os meus filhos fardos que Deus não colocaria.

Eu erro a respeito disso? Sim. Muitas vezes. Todas erramos com os diferentes tipos de pessoas? Sim. Muitas vezes.

Falamos no último capítulo sobre tentar ver os nomes falsos por meio de uma lente de empatia e, potencialmente, até de perdão. Entretanto, à medida que avançamos, é importante observar como situações do nosso passado podem ter enfraquecido o nosso estimado poder de concordar com o que foi dito sobre nós ou discordar.

Se você não conseguiu rejeitar o primeiro rótulo que lhe atribuíram, continua se sentindo incapaz de fazê-lo agora? Você ainda tem dificuldade em deixar para trás as coisas desagradáveis que os seus pais ou aqueles com autoridade sobre a sua vida disseram a você e sobre você? Para aquelas de nós que lutam com isso, não acredito que seja porque somos fracas — acredito que seja porque somos sensíveis e flexíveis,

O seu corpo não pertence ao mundo

da maneira como Deus nos fez. E acredito que podemos curar e estabelecer novos limites, desenvolvendo novos músculos que nos permitam rejeitar quaisquer palavras não divinas ditas sobre nós.

À medida que começamos a quebrar algumas correntes e laços com as mentiras que nos foram dirigidas, com os nomes que foram erroneamente pronunciados sobre nós, com a autoridade que outras pessoas tomaram injustamente na nossa vida, estas três verdades podem proteger você quando os nomes errados surgirem no seu caminho.

1. As palavras têm o poder que lhes atribuímos

Esta verdade pode parecer inalcançável para as crianças ou para aquelas pessoas que são vulneráveis à submissão e à autoridade. Mas muitas de nós agora têm o espaço e a autoridade para pelo menos começar a rejeitar mensagens de pessoas que não têm autoridade sobre nós, e podemos pedir a Deus que cure as feridas do nosso passado. Isso leva tempo e, para muitas de nós, pode exigir a ajuda de uma conselheira ou pastora. Também acredito que isso requer muita oração.

Não tema a maldição imerecida como não se deve
temer o voo de um pássaro ou de uma andorinha
(Provérbios 26:2, A Mensagem).

Eu amo esse versículo de Provérbios! Uma maldição injusta, um nome negativo que não permitimos penetrar na nossa alma, pode ser incômoda e irritante sem ser destrutiva e fatal. Desde já, exorto você a encarar quaisquer palavras prejudiciais de qualquer pessoa que não faça parte da sua vida como se fossem um pássaro realmente frustrado. Sim, esse pássaro pode voar em direção ao seu rosto temporariamente, mas nunca vai derrubá-la. Você é muito mais forte do que ele jamais poderia ser.

2. Talvez você precise se afastar do ambiente no qual as palavras são ditas

Isso é um pouco mais complicado. Novamente, existem inúmeras situações em que isso talvez não seja possível. Você pode estar em um relacionamento de longo prazo com pessoas que não empregam as palavras da maneira que Deus deseja. Você pode estar inserida em situações de trabalho com pessoas que adoram atribuir rótulos negativos. Mas muitas de nós nos inserimos *voluntariamente* em comunidades nas quais é normal e aceitável falar de forma negativa sobre o nosso corpo. Nesses casos, estamos nos oferecendo para fazer parte disso, mas não precisamos agir dessa forma.

Você pode se afastar de uma conversa na qual o corpo de qualquer pessoa esteja sendo difamado. Você pode usar a sua voz para mudar o rumo da conversa. Você pode optar por não se cercar mais de pessoas que têm esse tipo de conversa se, depois de usar a sua voz, elas se recusarem a parar de se referir a outras pessoas de forma errada.

Existem muitas situações nas quais não podemos controlar o que é dito sobre nós e precisamos recorrer a Deus para nos ajudar a renomear aquilo que foi ofendido. No entanto, muitas vezes, podemos simplesmente dizer: "Eu não pertenço mais a este lugar".

3. Precisamos lembrar a quem pertencemos

Não teremos tenacidade, ousadia ou fé para reagir a qualquer uma dessas situações se não tivermos uma mentalidade clara voltada para o Reino. O seu corpo não pertence ao mundo, mas a quem pertence? Tratamos disso no Capítulo 2, mas vamos revisar os conceitos básicos para enfatizar e esclarecer essa abordagem.

Muitas de nós podemos precisar afastar sentimentos perturbadores quando falamos sobre pertencer ao reino e à família de Deus. Portanto, lembremos aqui que o nosso Pai é um Rei gentil, bondoso e benevolente — que não *precisa* que façamos seu trabalho ou cumpramos suas ordens, porque ele é todo-poderoso. Ele não quer decretar o que acontece no nosso corpo. Ele é tão a favor da liberdade que nos criou, comprou liberdade para nós com a cruz de Cristo e nos deu a oportunidade de viver, adorar e responder a ele da maneira como escolhermos.

> *Foi para a liberdade que Cristo nos libertou.*
> *Portanto, permaneçam firmes e não se deixem*
> *submeter novamente a um jugo de escravidão*
> *(Gálatas 5:1).*

O texto de Gálatas diz que Deus não nos dá liberdade para que o amemos mais ou para que façamos o que ele quer que façamos. Deus quer a nossa liberdade simplesmente porque a liberdade é algo bom. E ele quer que tenhamos todas as coisas boas em abundância por meio dele.

> *Sabemos que Deus age em todas as coisas para*
> *o bem daqueles que o amam, dos que foram*
> *chamados de acordo com o seu propósito*
> *(Romanos 8:28).*

O texto de Romanos nos diz que, quando pertencemos a Deus, ele está sempre trabalhando nos detalhes da nossa vida para o nosso bem. Ele usa o mal para a cura e permite a dor para que produza algo bom em nós. Ele tem o nosso melhor interesse em mente.

Pertencer a Deus não é nada parecido com pertencer a um ser humano, mesmo ao melhor ser humano que exista, porque um ser humano não pode nos amar, nos conduzir ou nos tratar como Deus faz.

Quanto mais tempo passamos pensando no que significa ser uma mulher que vive no Reino, uma mulher que é definida e qualificada por seu Rei, mais desconfortáveis ficamos ao pertencer ao mundo e ser rotuladas por ele. Quanto mais tempo passamos aprendendo sobre os nossos direitos no Reino e as capacidades que nos foram concedidas por meio do poder que ressuscitou Jesus Cristo dos mortos, menos importância daremos a atender às expectativas do mundo.

Como lutamos contra a comparação, como quebramos as correntes e como evitamos as armadilhas que a cultura impõe à nossa volta? Conhecemos e falamos a verdade sobre quem somos, a quem pertencemos e o que isso significa para a nossa vida.

COLOCANDO EM PRÁTICA

É transformador e poderoso olhar para o seu corpo e concordar que Deus o fez bom. Esperança e cura surgem quando nos lembramos dos momentos em que o nosso corpo foi chamado de forma desagradável e quando nos associamos ao Espírito de Deus para *renomeá-lo* como bom. Mas você quer falar sobre comportamentos que mudam o mundo e lutam pela liberdade, como se fosse uma princesa guerreira? Olhe para o mundo e diga: "Para começo de conversa, este corpo nunca pertenceu a você para ser julgado." A fim de encerrar esta seção, convido você a responder a algumas perguntas e seguir algumas práticas que podem ajudá-la a permanecer no corajoso espaço do renomear.

Primeiro, algumas perguntas difíceis:

As mídias que você consome diariamente glorificam um "corpo ideal"? Lembre-se de que o engrandecimento de um corpo ideal é quase sempre sutil.

Para mim, essa foi uma das mudanças mais significativas na minha jornada para adotar a mentalidade do Reino para o corpo. Eu não percebia quão insensível eu havia me tornado em relação a imagens que afirmavam um padrão de beleza, ou um padrão ao qual todos nós pudéssemos pelo menos aspirar a alcançar um dia.

Remover a mídia com a qual eu me envolvia voluntariamente (programas de televisão, revistas, certas contas no Instagram) deu à minha mente e à minha alma um pouco mais de espaço para acessar a força de que eu precisava a fim de continuar qualificando o meu próprio corpo como bom.

1. O que seria agir como se você concordasse que o seu corpo pertence a Deus? Mais adiante, falaremos sobre a adoração como um caminho para restaurar o nosso corpo, mas é bom para todas nós tentar responder a essa pergunta. Para cada uma de nós, requalificar o nosso corpo como bom terá uma aplicação diferente, assim como abandonar qualquer aliança com o mundo também parecerá diferente. Como isso se traduz para você? Quais seriam os passos de ação envolvidos?

2. *Com que frequência você concorda voluntariamente em participar de conversas sobre algum corpo (de qualquer pessoa) em que o tom subjacente é negativo, crítico ou*

claramente malicioso? Isso pode ser tão simples como comentar sobre o seu próprio quadril com uma amiga na piscina, ou tão destrutivo como difamar o corpo de outra pessoa bem na frente dela. De qualquer forma, como mulheres que foram criadas à imagem de Deus e que acreditam que o nosso corpo habita no Reino, esse tipo de conversa precisa ser eliminado.

Sugiro alguns passos rápidos para mudar esse padrão na sua vida:

1. *Peça a Deus para tocar o seu coração.* Muitas de nós podemos ter permitido isso na nossa vida por um longo tempo, ou talvez tenhamos aprendido isso por meio de exemplos desde muito cedo, a ponto de nem conseguirmos mais perceber o que se passa conosco. Peça a Deus para fazer você se sentir profundamente desconfortável sempre que participar de uma conversa negativa sobre o corpo de alguém.

2. *Receba a graça e deixe a vergonha de lado.* Jesus Cristo derrotou o pecado, a morte e a vergonha na cruz. Receba a graça que impulsiona você a continuar crescendo e deixe para trás qualquer vergonha que a limite.

3. *Afaste-se de qualquer ambiente que rotule as pessoas de forma negativa.* Especialmente se você estiver em um relacionamento ou uma cultura em que é comum esse tipo de conversa, haverá uma tentação imediata de corrigir as outras pessoas. Descobri que às vezes a correção mais poderosa e produtiva é a ausência de cumplicidade da minha parte. Se mulheres que conheço e amo começam a falar sobre o corpo delas, eu não as repreendo.

Em vez disso, sem fazer alarde, simplesmente me afasto. Não quero ser cúmplice disso.

Se certos encontros ou grupos de amigas sempre parecem defender, aderir e reunir pessoas com as mesmas crenças sobre o corpo ideal, deixo de passar tempo com essas pessoas. Se alguém que sigo nas redes sociais glorifica ou difama consistentemente o próprio corpo, deixo de seguir essa pessoa. Temos a liberdade de dizer: "Não é seguro nem sábio consumir isso." Em breve você verá que não estou defendendo o silêncio diante do pecado, mas encorajo todas nós a saber que muitas vezes podemos mudar drasticamente a cultura ao nosso redor apenas deixando de dar aval ao que está sendo discutido.

4. *Por fim, quando você sentir que é o momento certo, fale a verdade com amor.* Uma das formas mais simples que encontrei de falar a verdade com amor para as minhas irmãs é dizendo: "Por favor, não fale assim da minha amiga." Se alguém a quem eu amo critica o próprio corpo, eu digo: "Por favor, não fale assim da minha amiga."

Muitas vezes, apenas falar a verdade sobre o meu próprio corpo e declarar quanto ele é bom se mostra uma postura revolucionária e realmente altera o rumo de uma conversa. Também tenho a capacidade de falar com amor, misericórdia e graça, e de dizer aos outros: "Esta não é a forma como o nosso Pai falaria sobre nós ou sobre as outras pessoas. Por favor, vamos ter mais cuidado na conversa."

Confio que você encontrará a sua voz e as melhores maneiras de mudar o tom ou o rumo de uma conversa quando achar necessário. Confio que o Espírito Santo lhe dará as palavras, a compaixão e a coragem para declarar ousadamente: "Eu não pertenço ao mundo. Recuso-me a falar ou a tratar o corpo de alguém desta maneira."

Agora, vamos experimentar algumas práticas revigorantes:

1. *Nos momentos de vulnerabilidade desta semana, encorajo você a proferir verdades e vida sobre o seu corpo.* Quando você estiver se exercitando, trocando de roupa, se arrumando diante do espelho ou se sentindo insegura de alguma forma, fale *a verdade*.

   Se essas afirmações puderem ser respaldadas pelas Escrituras, com a autoridade da voz e da Palavra de Deus, melhor ainda. Você saberá que não são apenas frases vazias que está inventando do nada.

   Aqui estão alguns exemplos:

   - Este corpo é bom (Gênesis 1:31).
   - Carrego a paz de Deus no meu corpo (Filipenses 4:7).
   - Este corpo é um templo do Espírito Santo (1Coríntios 6:19).
   - O meu corpo é valioso e digno para Deus (Isaías 43:4).
   - Fui criada com intenção, propósito e criatividade (Salmos 139:13-16).
   - Eu tenho a mente de Cristo (1Coríntios 2:16).

2. *Dedique tempo de oração para falar com Deus sobre o seu corpo.* Essa é uma prática simples, mas profunda. Seja brutalmente honesta e leve aos pés dele todos os nomes negativos contra os quais você está lutando. Enquanto você ora, reconheça que você não precisa medir as suas palavras ou garantir que elas sejam perfeitas.

O seu corpo não pertence ao mundo

Diga a Deus como você se sente em relação ao seu corpo. Pergunte a Deus como ele se sente em relação ao seu corpo. Peça ao Senhor que lhe dê uma visão da obra do Reino que ele quer fazer em você e por meio da sua vida.

3. *Faça uma pequena lista do que você ama no seu corpo ou do que você ama que o seu corpo pode fazer.* Tente se concentrar naquilo que você ama, não no que a cultura aprova ou nas coisas pelas quais outras pessoas a elogiam. Lute contra a derrota. Faça a lista, mesmo que seja de coisas pequenas. Você ama que o seu corpo pode trazer conforto para os seus filhos? Você aprecia a sua altura ou a força das suas pernas? Você ama a forma como os seus dedos digitam rapidamente ou a maneira como os seus ouvidos lhe permitem escutar as outras pessoas com compaixão? O que você ama?

4. Quero lhe deixar o lembrete de que você é poderosa porque é feita à imagem de Deus, e recebeu a liberdade e a capacidade de conduzir a si mesma e aos outros. Quero lembrá-la de que o Espírito que ressuscitou Jesus Cristo dos mortos está vivo e atuante em você. O seu corpo não está sujeito aos debates ou às críticas do mundo, mas, em vez disso, você recebeu a capacidade de tomar decisões sobre como agir, de quem se cercar e como adorar a Deus com o seu corpo.

Nós nos libertamos da vergonha corporal ao ousarmos concordar ativamente que não precisamos continuar nos submetendo aos sistemas decaídos deste mundo. O seu corpo é bom. Deus disse isso. Fim da história. Vamos acreditar nisso com toda a nossa vida.

PALAVRAS DAS NOSSAS AMIGAS

Treasure: *O que eu amo no meu corpo? Pode ser uma resposta estranha, mas tenho uma pinta no nariz que simplesmente adoro. Amo como ela se assemelha ao visual de um piercing no nariz. Isso me faz sentir única. É um detalhe mínimo, mas toda vez que olho no espelho agradeço a Deus por isso. Eu me sinto bonita com essa pinta. Além disso, amo o fato de as minhas mãos serem pequenas. Eu me sinto sofisticada quando faço as unhas. Algo tão simples como as minhas unhas e as minhas mãos fazem que eu me sinta importante. Todas nós temos as nossas peculiaridades, e essas são apenas algumas das coisas que eu amo no meu corpo.*

Kati: *Tenho 47 anos e ainda estou lidando com isso. O meu pai faleceu quando eu tinha doze anos, mas, no pouco tempo em que esteve na minha vida, ele causou sérios problemas. Ele não conseguia aceitar que eu era uma menina e que tinha uma deficiência. Ele me batia toda vez que eu caía no chão, dizendo que eu não estava me esforçando o suficiente. Ele gritava comigo porque eu não conseguia me equilibrar em uma bicicleta. Nas reuniões com a família dele, eu estava sempre magra demais ou gorda demais; e o meu cabelo era* muito comprido, muito curto, muito cacheado ou muito liso. Eu nunca era boa o suficiente para eles. Quando entrei na adolescência, a mãe do meu pai me disse que eu era um produto estragado e que nunca seria alguém na vida. A família da minha mãe era o oposto completo e sempre foi o meu refúgio seguro, mas parece que as coisas negativas têm um impacto maior. Isso me levou a tomar decisões insensatas em relação ao meu corpo e a relacionamentos. Por anos, vivi com uma mentalidade de "Eu vou mostrar a você...", e isso afetou o relacionamento com os meus familiares e com as outras pessoas. Com o tempo, consegui perdoá-los em boa medida, reconciliando-me com o fato de que eles me amavam da única maneira que sabiam amar. Mas ainda estou trabalhando nisso, à medida que as camadas continuam se desvendando e estou reconhecendo o papel do Inimigo na minha vida, mesmo naquela época.

5.
A BUSCA POR UM CORPO "MELHOR"

le estava sorrindo quando disse isto. Era como se estivesse me fazendo um favor. Este garoto tinha os dentes mais brilhantes do mundo, e eles reluziam quando ele disse isto. Não me pergunte o nome dele ou como nos conhecemos, mas eu poderia lhe contar tudo mais sobre aquele momento. Era uma tarde quente durante o outono do meu primeiro ano do Ensino Médio. Eu estava indo para o ensaio de dança após a escola, com a mochila jogada sobre o meu ombro direito, em direção à pista para encontrar a equipe da qual eventualmente eu seria expulsa (notas baixas sempre pegam você).

Eu ainda me lembro claramente de sentir a necessidade de me segurar para não pegar minha mochila e acertá-lo nas partes baixas. Apenas para retribuir um pouco da dor que ele acabara de lançar sobre o meu coração.

"Alguns dos caras e eu estávamos conversando, e achamos que você seria tão bonita quanto a sua irmã se perdesse uns vinte quilos."

Novamente, ele estava sorrindo enquanto dizia isso, com aqueles dentes reluzentes. Ele não tinha motivo para achar que era inapropriado dizer aquilo.

A busca por um corpo "melhor"

Então, agora quero voltar e dar um abraço na mãe dele, ou talvez nas irmãs dele. Quero encontrá-lo no Facebook e verificar como está a esposa dele e garantir que ele nunca dirá coisas assim para ela. Porque, se você consegue soltar esse tipo de comentário para uma garota que mal conhece, sorrindo como se estivesse lhe dando um presente, de modo que as suas palavras se implantem para sempre no coração dela, somente consigo imaginar que tipo de dano emocional ele pode ter causado nas outras pessoas ao seu redor.

Mas, então, me lembro de que eu tinha apenas catorze anos, enquanto aquele garoto de dentes reluzentes não era muito mais velho, e oro para que Deus tenha tocado seu coração e suavizado sua língua. Recordo que eu já disse coisas piores para mim mesma e para outras pessoas. E pondero que ele aprendeu esse tipo de comportamento de algum lugar e que provavelmente também precisava de cura.

Eu sabia que a minha irmã era bonita; eu não era cega. Eu sabia que ela era amada e valorizada na nossa escola. Eu me lembro de sentir felicidade e gratidão, não apenas ciúme, por quem ela era mesmo antes de conhecer Jesus, e esses bons sentimentos somente cresceram exponencialmente desde então. No entanto, antes desse episódio, ninguém havia nos comparado de forma tão explícita, e nunca ninguém havia expressado isto com palavras tão exatas: a alcançabilidade daquele objetivo de repente estava sobre a mesa. Mas não era um objetivo que eu tivera no passado.

Não foi a primeira nem a última vez que alguém comentou sobre uma deficiência do meu corpo.

Se você consertasse os seus dentes... (o seu rosto seria mais agradável).

Se você perdesse mais peso... (o seu corpo ficaria maravilhoso).

Se você tonificasse os seus braços... (deixe comigo: Eu poderia bater mais forte em você por ter dito isso?)

Se você aplicasse botox... (conseguiria mais convites para igrejas que usam câmeras em alta definição).

Se você fizesse uma cirurgia nos seios... (ninguém saberia, mas as suas roupas cairiam bem melhor).

E assim por diante. Eu sei que poderíamos adicionar linha após linha à lista de coisas que nos disseram que tornariam o nosso corpo mais apresentável e preparado. Mas estou aqui agora, puxando a alavanca mais poderosa que você possa imaginar, gritando: *Pare!*, e fazendo algumas perguntas:

1. Para o que estamos preparando o nosso corpo?

2. Quem decide o que é aceitável?

3. Quando seremos boas o bastante?

Antes de prosseguirmos, gostaria de fazer uma proposição audaciosa: Mesmo que você não faça nada, o seu corpo é bom. Mesmo que você não faça nada, o seu corpo é bom. Mesmo que você não faça nada, o seu corpo é bom.

Eu sei que o seu corpo pode não *parecer* bom. Eu sei que os efeitos deste mundo caído podem ter deixado o seu corpo ferido, doente ou funcionando de maneira imperfeita. Mas preste atenção: muitas vezes acredito que grande parte da decepção com o nosso corpo vem de uma compreensão inadequada do propósito dele e de uma compreensão equivocada do nosso destino.

A busca por um corpo "melhor"

Vamos dar uma olhada neste trecho de 2Coríntios:

Portanto, não estamos desistindo. Como poderíamos? Ainda que por fora pareça que tudo está se acabando, por dentro, onde Deus está criando uma vida, não há um só dia em que sua graça reveladora não se manifeste. Os tempos difíceis nada são comparados com os bons tempos que estão por vir, a celebração sem fim preparada para nós. Há muito mais do que podemos ver. As coisas que agora vemos estão aqui hoje, mas desaparecerão amanhã. Mas as coisas que não vemos agora irão durar para sempre.

Por exemplo, sabemos que quando o nosso corpo se desfizer, como uma tenda desmontada, será substituído por um corpo de ressurreição no céu — feito por Deus, não por mãos humanas —, e nunca mais teremos de montar nossas "tendas" outra vez. O desejo de mudar às vezes é tanto que choramos de frustração. Em comparação com o que está por vir, a vida aqui se parece com a estada numa cabana caindo aos pedaços! Já estamos cansados disso! O que temos é apenas um vislumbre da verdadeira realidade, nosso verdadeiro lar, nosso corpo ressuscitado! O Espírito de Deus nos dá uma pitada desse sublime, dando-nos um gostinho do que está por vir. Ele põe um pouco do céu em nosso coração para que nunca desejemos menos que o céu (2Coríntios 4:16—5:5, A Mensagem).

Então, deixe-me perguntar novamente: Para que estamos preparando o nosso corpo? Não é para a temporada de praia. Não é para a nossa lua de mel. Não é para uma corrida de 5 km ou mesmo uma ultramaratona. Não é para a sua próxima festa de aniversário ou para o próximo domingo na igreja. O objetivo final não é preparar o nosso corpo para o dia em que possamos dar à luz ou para a imagem mental que temos de nós mesmas aos trinta, quarenta ou cinquenta anos. Não estamos preparando o nosso corpo para impressionar alguém, para surpreender alguém ou para nos vingar de alguém. Não estamos preparando o nosso corpo para o trabalho da missão, porque 2Pedro 1:3 diz que Deus nos deu tudo aquilo de que precisamos para a vida e para a piedade. Então, *para o que* estamos nos preparando? Para onde estamos nos movendo? Qual é o objetivo final?

Estamos preparando o nosso corpo pelo mesmo motivo que estamos preparando a nossa alma, mente e missão de vida. Encontramos a resposta nesse trecho, e a resposta é: *eternidade*.

Na verdade, adicionar o lembrete do céu à nossa equação atual tem o potencial de nos fazer sair deste ciclo insano e terreno de tentar deixar o nosso corpo "perfeito" ou "melhor". Porque isso é um pouco como a maneira pela qual temos tentado vencer a maldição o tempo todo.

O MITO DE VENCER A MALDIÇÃO

Talvez você tenha tido uma tia ou uma avó que se referia à menstruação como "a maldição". Eu sei que essa frase meio que caiu em desuso. Mas a maldição é real, e o desejo de vencê-la está vivo e a postos.

Em determinada época, a minha amiga Kelly e eu estávamos grávidas juntas, e a liberdade dela me transformou para sempre. O nosso grupo de amigas em particular — a cultura específica que nos cercava — estava obcecado (e quero dizer obcecado mesmo) com a ideia do parto natural. Mas o que poderia ter sido uma conversa realmente esclarecedora acabou se transformando em um momento de condenação. De repente, havia uma hierarquia sendo vagamente estabelecida sobre onde e como você dava à luz.

Ninguém discutiu abertamente ou distribuiu gráficos, mas dava para *sentir* no ar o espírito de julgamento.

Então, foi isto o que percebi sobre a hierarquia de parto no meu grupo de amigas: As mulheres que davam à luz em casa estavam no topo — eram as vencedoras. Suas piscinas infláveis de parto (vamos ser honestas — eram piscinas infantis do Walmart) se tornaram troféus de vitória que talvez tenham sido exibidos por semanas — primeiro, prontos para a ação antes do parto e, depois, mantidos grandes e imponentes na sala de estar para nos lembrar do que uma heroína havia acabado de fazer.

As mulheres que iam para um centro de parto[1] estavam logo abaixo das que davam à luz em casa. Nunca consegui me identificar com a ideia de um centro de parto, porque eles fazem você sair de lá o mais rápido possível, e eu sinceramente amava uma enfermeira cuidando de mim por alguns dias. Os cubinhos de gelo! A ajuda para ir ao banheiro! Quando elas levam e trazem o bebê para você, para que você possa ficar na cama! Deus abençoe as enfermeiras, amém.

As mulheres que davam à luz em um hospital sem anestesia vinham em seguida. Na minha opinião, eram as mais interessantes — tão perto das drogas e, ainda assim, firmes em sua resolução de se abster. Logo atrás delas estavam as mulheres

---

1   N. da T.: Unidade de saúde para mães em trabalho de parto que podem ser assistidas por doulas, parteiras e enfermeiras obstetras.

LIBERTE-SE DA VERGONHA DO SEU CORPO

que davam à luz pelo canal vaginal, talvez com algum medicamento ou intervenção, mas fazendo o esforço do parto da mesma forma.

A minha amiga Kelly e eu estávamos no fundo do poço, porque tínhamos feito cesáreas. O meu primeiro parto foi uma cesárea de emergência, mas os outros foram... (pasme!)... cesáreas planejadas e agendadas. Eu marcava uma data no calendário com a minha obstetra (geralmente uma data da qual eu gostava e acreditava que poderia lembrar facilmente), dormia bem na noite anterior, lavava o cabelo e raspava as pernas (talvez), depois entrava, me deitava, era conectada a uma fonte com medicamentos e deixava que tirassem fora o bebê. Eu não *queria* ter cesáreas, mas eu via o lado positivo e seguia em frente, sabe?

Qualquer pessoa que tenha passado por uma cesárea sabe que é realmente bárbaro se você estiver acordada, e a recuperação é absurda, porque o seu corpo está se curando de uma cirurgia importante enquanto você cuida de um bebê que não sabe que você foi cortada ao meio. Contudo, se você não sofreu uma cesárea, pode imaginar que esse tenha sido o caminho mais fácil. E você pode ter feito parte de uma comunidade com uma hierarquia de parto como nós fazíamos.

Enfim, Kelly eventualmente se cansou disso. De certa forma, quando o rumo da conversa mudava para o parto, nós duas podíamos nos sentar e relaxar, sabendo que estávamos livres de toda aquela agitação. Mas isso também nos tornou muito mais compassivas pelas nossas irmãs que estavam colocando tanta pressão umas sobre as outras. Contemplávamos este lindo presente e o privilégio de trazer uma nova vida ao mundo sendo reduzidos a uma competição, sendo transformados em mais uma arena para nos compararmos umas às outras. Finalmente, a minha amiga chegou ao limite e estava pronta para falar.

"Parem. De. Tentar. Vencer. A. Maldição. Parem de tentar vencer a maldição."

Estávamos na cozinha de alguém durante o encontro em grupo. Ela disse isso para ninguém e para todas ao mesmo tempo. A princípio, foi um sussurro resoluto, mas sua voz foi ficando mais alta e determinada. "Parem de tentar vencer a maldição", ela disse novamente e saiu da sala. Ela se referia a Gênesis 3, um trecho em que Eva é enganada e deseja encontrar uma saída para os limites que Deus estabeleceu para ela. Veja o que acontece nesse trecho:

A Mulher olhou para a árvore e percebeu que o fruto era apetitoso. Pensando na possibilidade de conhecer todas as coisas, pegou o fruto, comeu e o repartiu com o marido — ele também comeu.

Na mesma hora, os dois, de fato, perceberam a "realidade": descobriram que estavam nus! Então, costuraram umas roupas provisórias, feitas de folhas de figueira.

Quando escutaram o som do Eterno passeando pelo jardim, na hora da brisa da tarde, o Homem e a Mulher esconderam-se entre as árvores. Não queriam se encontrar com o Eterno.

Mas o Eterno chamou o Homem: "Onde você está?"

Ele respondeu: "Eu te ouvi no jardim e fiquei com medo, porque eu estava nu. Então, me escondi".

E o Eterno disse: "Quem disse que você estava nu? Você comeu da árvore de que o proibi de comer?".

O Homem respondeu: "A Mulher, que tu me deste para ser minha companheira, ela me deu do fruto da árvore, e, sim, acabei comendo". Então, o Eterno disse à Mulher: "O que foi que você fez?"

Ela respondeu: "A serpente me enganou, e acabei comendo" (Gênesis 3:6-13, A Mensagem).

É útil fazer uma pausa aqui e observar que, onde existe vergonha, frequentemente existe também a culpa. Quando nos sentimos acusadas ou até mesmo abertas à avaliação, a nossa inclinação imediata é acusar alguém e arrastá-lo junto conosco. Adão culpa Eva; Eva aponta a serpente. A vergonha transformada em culpa aparece em todas as nossas hierarquias culturais, porque gostamos de ter uma posição superior em relação às outras pessoas, mas graças a Deus ele lida conosco individualmente. Voltemos a Eva e vejamos como Deus a trata.

Então, o Eterno disse à serpente: "Por ter feito isso, você será amaldiçoada, mais que o gado e os animais selvagens. Amaldiçoada para rastejar e comer pó a vida toda. Declaro guerra entre você e a Mulher, entre seu descendente e o descendente dela. Ele ferirá sua cabeça, e você ferirá o calcanhar dele".

E ele disse à Mulher: "Multiplicarei suas dores no parto; você dará à luz seus filhos em meio a dores. Você vai querer agradar a seu marido, mas ele governará sobre você".

E disse ao Homem: "Por ter dado ouvidos à Mulher e comido da árvore de que o proíbi de comer:

*'Não coma dessa árvore', Até mesmo a terra será
amaldiçoada por sua causa. Tirar o alimento da
terra será tão sofrido quanto o parto da Mulher;
você sofrerá para trabalhar durante toda a sua
vida. A terra produzirá espinhos e mato, e, para
você, será penoso conseguir alimento; você vai
plantar, regar e colher, vai suar na lavoura, de
manhã cedo até bem tarde, até que você volte para
a terra, morto e enterrado; você começou
como pó e como pó também acabará"
(Gênesis 3:14-19, A Mensagem).*

Houve uma consequência imediata para o pecado que
Adão e Eva cometeram: a perda da intimidade com Deus e a
expulsão do paraíso. Mas também houve uma repercussão geracional e progressiva — maldições que fazem parte da vida
neste mundo caído.

Pode parecer estranho, porém mais alguém se sente estranhamente reconfortado quando se lembra das maldições sob
as quais vivemos aqui na terra? Nessas poucas frases, lembro-me de que o melhor absoluto de Deus para mim não são as
mudanças extremas nos hormônios ou as lutas de poder contra o meu marido, e que, um dia, essas coisas não serão mais
a minha realidade. Respiro fundo e sorrio de alguma forma
ao recordar um dos momentos mais pesados da história humana. A maldição nos faz lembrar que a vida é difícil porque
não deveria ser assim. Ela nos lembra de que a luta é real e que
não estamos sozinhos nela.

Mas também é bom lembrar que é meio loucura tentar
vencer a maldição, amém?

Estou dizendo que você não deve ler livros sobre parto
ou buscar uma experiência de parto empoderada? De jeito

nenhum, irmã. Leia os livros, compre a piscina para bebês e contrate uma doula, se isso lhe traz vida! Mas lembre-se — não é uma questão de desempenho, e você não tem de provar nada. Dar à luz é uma experiência difícil, santa e bela, e não há como vencê-la ou ter sucesso nisso. No entanto, há adoração por meio disso, assim como todas as outras formas de trabalho sagrado que fomos convidadas a realizar por Deus.

Se para você é uma experiência de adoração dar à luz com um soro na mão ou sozinha em um campo ou cercada por amigos ou em um hospital ou em uma tenda, faça o que for melhor para você. Mas, enquanto você estiver fazendo o que estiver fazendo, lembre-se de que esse é um momento para experimentar a presença de Deus na sua fraqueza, não um momento para provar quão forte você é por sua própria conta e risco. Você pode ser consolada e surpreendida pelo poder de Deus, até mesmo pelo poder de Deus *em* você, caso não esteja tentando vencer a maldição e provar algo.

Agora, vamos voltar ao nosso corpo do dia a dia, que não está dando à luz.

A tentação de tentar vencer a maldição está presente em todas nós. Para a maioria de nós, trata-se de esquecer o objetivo final e esquecer que a verdadeira restauração e cura nos foram oferecidas — do outro lado da eternidade. Então, eu gostaria de nos conduzir em uma exploração, um exame, de como fazemos isso na nossa vida diária, de como perpetuamos a busca por um corpo melhor aqui na terra, lembrando que o nosso corpo somente se tornará perfeito quando vivermos na eternidade.

Você tem um objetivo final — o seu eu futuro ou uma versão final do seu corpo que você imagina — pelo qual trabalha? Você luta contra o envelhecimento e contra a doença, como se a sua vida dependesse disso, ou como se manter o seu corpo jovem e saudável dependesse exclusivamente de você mesma? Existe uma versão passada do seu corpo que você imagina na sua mente como a sua melhor versão, em vez de permitir que o seu corpo evolua e se transforme?

Conheço mulheres que tomam vitaminas, cuidam da alimentação, exercitam o corpo e usam produtos na pele como uma tentativa de honrar o bom Deus que criou o corpo delas, de administrar o que lhes foi dado. E conheço mulheres, incluindo a mim mesma, que diriam que às vezes o exercício, a alimentação, os cosméticos e todos os cuidados com o nosso corpo são mais sobre tentar mantê-lo bem como se tudo dependesse de nós, de torná-lo bom, em vez de tratá-lo como se ele já fosse muito bom.

É uma diferença tão sutil de coração que a nossa única opção é verificar as nossas motivações e a nossa mentalidade e perguntar: *Quando se trata de como lido com o meu corpo, estou tentando vencer a maldição? Estou tentando escapar dos efeitos do mundo caído?* E talvez a pergunta mais importante que possamos fazer seja esta: *Se estou tentando vencer a maldição, estou perdendo a verdadeira esperança e promessa de restauração que o céu trará?*

Se, pela graça, por meio da fé, você anda com Deus, a eternidade não pode ser tirada de você. A promessa de que a dor cessará e de que tudo será restaurado está ao seu alcance, e nenhum comportamento, atitude ou motivação equivocada pode lhe roubar essa cura. Veja o que Apocalipse 21:4 diz sobre a eternidade:

"Ele enxugará dos seus olhos toda lágrima. Não haverá mais morte, nem tristeza, nem choro, nem dor, pois a antiga ordem já passou."

Se você vive como se pudesse vencer a maldição agora, você não obtém a cura que está a caminho. Mas de fato perde a esperança, e talvez até mesmo parte do conforto de que isso está ao nosso alcance aqui na terra, enquanto reconhecemos a queda deste mundo e esperamos pelo que está por vir. Imagino que viver como se você pudesse vencer a maldição a levaria à frustração consigo mesma, com o espaço ao seu redor e até mesmo com Deus, bem como a menos prazer no conforto divino, seja aqui ou na eternidade.

Podemos correr, agachar, desintoxicar, usar roupas apertadas, beber água, tomar vitaminas, usar suplementos, aplicar poções, fazer ioga e lavar o rosto quanto quisermos. Mas, por favor, me ouça: Enquanto você continuar convencida de que "consertar" o seu corpo é responsabilidade exclusiva sua, o seu coração não ficará satisfeito. E o seu corpo não deixará de experimentar a queda. Não até a eternidade. Não até que a maldição seja completamente vencida pelo Único que tem o poder de fazer isso, e finalmente você poderá experimentar a ressurreição do seu corpo que foi comprado por ele. Portanto, devemos cuidar do nosso corpo tendo a eternidade em mente e, ao mesmo tempo, precisamos nos confortar sabendo que não servimos a um Deus que nos pediu para nos curarmos. Ele tem um bom plano que não pode ser frustrado, e podemos descansar nele enquanto adoramos e administramos o nosso corpo na terra.

DESCANSO NA TERRA

A gravidade, a poluição, as doenças, o envelhecimento, o trabalho, o estresse, a dor e até mesmo a alegria alteram o nosso corpo diariamente. Essa é a maldição de um mundo caído em ação, não é? O nosso corpo geme sob o peso de sermos humanas, e há uma linha tênue entre cuidar dele da melhor forma possível enquanto estamos aqui na terra e tentar vencer a maldição que nos deixa vulneráveis à fraqueza da nossa carne.

Para muitas de nós, acredito que uma das propostas mais astutas e confusas que nos são apresentadas é: "Se você fizesse _____ com o seu corpo, então _____ aconteceria".

A cultura nos ensinou a ignorar o fato de que o nosso corpo é criação intencional de um Pai bom e amoroso, não uma medida instável de quão bons ou quão dignos somos. O nosso corpo foi criado e reconhecido por Deus como algo bom; nós fomos criadas e reconhecidas por Deus como algo bom também, e o desafio da nossa vida não é passar o resto do tempo tornando-o aceitável ou capaz de atingir algum padrão que a cultura tenha estabelecido para o corpo físico na atualidade.

Para cada uma de nós, isso começa em uma idade diferente e com diferentes níveis de desgosto, mas os outros nos contam a mentira de que podemos vencer a maldição de viver neste corpo envelhecido e decadente, melhorando-o e, assim, nos aperfeiçoando. A verdade é que todas nós estamos nos preparando para o céu, que será a parte mais real e maravilhosa da nossa existência; o nosso corpo foi feito bom por um Pai intencional, e sofre os efeitos de estar aqui nesta terra, gemendo e ansiando por alívio. O nosso corpo pode ser curado, o nosso corpo pode se tornar mais forte, e podemos nos tornar mais sintonizadas com Deus, bem aqui neste corpo. Mas, primeiro, precisamos romper os laços com a ideia de que o nosso corpo precisa melhorar de acordo com o padrão do mundo para ser considerado digno.

Precisamos ficar em silêncio e nos perguntar: *Para que o meu corpo serve? Por que Deus me deu este corpo? Ele já é bom ou o objetivo é torná-lo melhor? Como cuidar dele, como vivenciá-lo e como me sentir sobre ele?*

Se você meditar nessas perguntas tempo suficiente, tenho a impressão de que, assim como eu, sentirá um cansaço crescente, porque é isso que acontece quando tentamos vencer uma maldição invencível. É exaustivo gastar todas as nossas energias lutando uma batalha cuja vitória não é da nossa responsabilidade.

Há alguns anos, fiquei extremamente animada com a história de Moisés e Josué e a promessa da terra para onde Deus conduziria os israelitas. A história de Moisés é um relato de coragem e dúvida, fidelidade e hesitação, adoração e luta, com a aprovação do povo que ele estava liderando — muitas vezes tudo ao mesmo tempo. Como consequência de seu pecado, quando chega a hora de seu povo entrar na terra prometida, a Moisés somente é permitido vê-la, não entrar nela junto ao povo. Moisés morre, e Deus escolhe e comissiona Josué para ocupar seu lugar como líder.

Contudo, no princípio, na seção das Escrituras intitulada "A conquista da terra", Josué lembra a seu povo algumas palavras específicas de Deus:

Então, Josué ordenou aos líderes do povo: "Saiam pelo acampamento e transmitam esta ordem ao povo: 'Deixem algum mantimento preparado. Daqui três dias, vocês vão atravessar o rio Jordão para entrar e tomar posse da terra que o Eterno, o seu Deus, está entregando a vocês'."

Josué também se dirigiu aos rubenitas, aos gaditas e à metade da tribo de Manassés, advertindo: "Lembrem-se do que Moisés, servo do Eterno, ordenou a vocês: **'O Eterno, o seu Deus, dá descanso a vocês, entregando a vocês esta terra.** *Suas mulheres, seus filhos*

*e seus rebanhos poderão permanecer na terra
a leste do Jordão, que Moisés deu a vocês. Mas
todos vocês, valentes guerreiros, atravessarão
o rio à frente de seus irmãos, preparados para
lutar, e os ajudarão até que o Eterno dê a eles um
lugar de descanso, como deu a vocês.
Seus irmãos também tomarão posse da
terra que o seu Deus está dando a eles.
Depois, vocês poderão retornar às suas terras a
leste do Jordão, concedidas por Moisés"
(Josué 1:10-15, A Mensagem, grifo na citação).*

Eu estava pensando naquele dia sobre a terra que Deus dá a cada um de nós, individualmente, para descanso. Acredito que a promessa divina de descanso não é apenas para os israelitas. O texto de Salmos 127:2 diz que Deus dá descanso àqueles que ele ama. E eu sei que ele me ama! Então, neste mundo de trabalho árduo e agitação, onde encontrar um lugar seguro para descansar? Onde estar à vontade no amor, no favor e na bondade de Deus?

E se esse recipiente, esse espaço, fosse o próprio corpo que Deus criou, bom e santo, exclusivamente para mim? E se este corpo for a terra que ele me deu para herdar, para experimentar mais dele?

E se eu transformei o que deveria ser um presente em um projeto, em um monitor em constante mudança com relação a quanto o meu corpo é bom e tem valor, como um troféu, declarando que venci a maldição do envelhecimento e de viver em um lugar onde tudo se deteriora? E se eu lidei com este bom presente, a ponto de esgotá-lo, esquecendo-me de que ele deve ser um espaço seguro em que Deus me permite experimentar sua presença e seu poder aqui na terra?

Para muitas de nós, essa não foi uma escolha consciente, mas um caminho em que fomos colocadas e seguimos desde então. Não acredito, porém, que seja tarde demais para voltarmos. Não acredito que seja tarde demais para experimentarmos descanso na nossa terra.

Parece que Deus ama dar descanso às pessoas no lugar ao qual elas pertencem. Não acreditamos que Deus deseja descanso para nós quando voltamos para o nosso corpo — o ambiente onde ele nos colocou intencional e unicamente? Certamente não é vontade de Deus que continuemos vivendo envergonhadas em relação ao sagrado espaço da nossa pele. Quando *nos voltamos* para o nosso corpo, o lugar ao qual Deus nos criou para pertencer, também podemos experimentar descanso. Quando reconhecemos que pertencemos a *este* bom corpo, podemos experimentar descanso.

DESCANSO PARA A TERRA

Se eu lhe perguntar como era a vida em março de 2019, talvez você não se lembre. Mas presumo que a maioria de nós sempre se lembrará de como era a vida em março de 2020. E em abril de 2020. E em todo o verão de 2020 — que é a estação do ano em que estou escrevendo no momento. Uma doença atingiu não apenas os Estados Unidos, onde vivo, mas o mundo inteiro, tornando-se uma pandemia. Os dias se desenrolaram como uma montanha-russa de medo e confusão, gratidão e graça — quase todo mundo que conheço conhece alguém que ficou doente ou morreu. Quase todo mundo que conheço também está tentando agora, de alguma forma, aproveitar cada dia ao máximo e encontrar o lado positivo neste tempo debilitante e confuso.

Mas algo aconteceu com a terra durante a pandemia. Dizem que a terra começou a se curar. Alguns dos efeitos nocivos da globalização se reverteram com apenas alguns meses de viagens humanas reduzidas. Eu não sabia que o ruído oceânico — os sons produzidos por atividades humanas que podem interferir ou obscurecer a capacidade dos animais marinhos de ouvir sons naturais no oceano — era um problema até descobrir recentemente que os primeiros meses da pandemia também causaram sua reversão em algum grau. As baleias, os golfinhos e várias criaturas marinhas agora estão mais em paz porque os grandes barcos e navios de cruzeiro estão ancorados por enquanto. As pessoas ao redor do mundo estão dizendo que o som dos pássaros parece mais alto, o que eu posso atestar por mim mesma — mas é apenas porque a poluição sonora diminuiu significativamente. A terra voltará ao "normal", o que significa mais danificada, assim que recomeçarmos a viajar e nos mover novamente.[2]

Isso me fez questionar que tipo de cura, que tipo de mudança radical é possível se descansarmos o nosso corpo da mesma forma, se impusermos uma parada rigorosa ao ruído, ao movimento constante, ao alvoroço e à agitação.

Durante os primeiros meses da pandemia, notei que o meu corpo estava ao mesmo tempo reclamando demais e se curando também. Percebi algum descanso na minha terra. Nunca estive tão consciente do que está acontecendo na minha carne — livre de tanta coisa que me distraía. No início, percebi a minha ansiedade ocupando várias funções diferentes no meu corpo. O medo escapava dos meus poros em forma de suor;

---

2 "Seas Quieted by Pandemic Could Reduce Stress" [Mares acalmados pela pandemia podem reduzir o estresse], *National Geographic*, July 2020. Disponível em: https://www.nationalgeographic.com/science/2020/07/seas-silenced-by-pandemic-could-improve-health-whales/?awc=19533_1602939703_e3c47dac75dd2e79fb9309a48d4d7d91. Acesso em: 22 jun. 2023.

das minhas mãos, como um ligeiro tremor; do meu rosto, pelos efeitos dos hormônios. Tentei não ficar com raiva e apenas observar a dor vindo à superfície.

Notei quanto eu estava mais dolorida à medida que o meu movimento variava e se alterava. Eu não estava mais indo de um lugar para outro. Eu ficava em casa e me movia em explosões. Longas caminhadas pela manhã, sentar-me ou mover-me apenas um pouco durante o dia, exercitar-me à tarde e fazer mais uma longa caminhada com as crianças antes de dormir.

À medida que o pânico inicial diminuía, comecei a dormir mais do que nos últimos quinze anos. Percebi como era quando eu não bocejava durante a tarde ou precisava de mais do que uma ou duas xícaras de café. A luta do meu marido contra a dor de tensão no pescoço praticamente desapareceu depois de algumas semanas em casa. Conforme a pressa e a busca cessaram, porque não havia outra opção, desapareceram muitos dos sintomas fisiológicos com os quais aprendemos a conviver. De certa forma, a terra estava descansando. Em outras palavras, a terra e o nosso corpo tinham experimentado coletivamente traumas e estresses quase indescritíveis.

Cinco meses após a pandemia atingir os Estados Unidos, apesar de sermos extremamente cautelosos por meses, toda a minha família contraiu a Covid-19. A experiência do que aconteceu no meu corpo, para além dos sintomas do vírus, foi intensa. Nunca vou me esquecer disso enquanto eu viver. Nunca vou me esquecer das noites em que tive conversas honestas e humildes com Deus enquanto lutava para baixar a temperatura de uma das minhas crianças. Como mãe, eu me sentia frágil, esperançosa e um tanto impotente — mais tangivelmente ciente da minha necessidade de Deus e de sua cura do que no passado. Nunca vou me esquecer de encher os pulmões de ar repetidamente, avaliando quão bem eu conseguia respirar, com gratidão e medo combinados a cada inspiração. Nunca vou me esquecer de quanto eu estava incrivelmente ciente da minha capacidade de pronunciar palavras de vida sobre o meu próprio corpo e sobre o corpo dos meus entes queridos, enquanto me sentia tão distintamente submissa à misericórdia e bondade de Deus.

Depois de tudo o que foi dito e feito, os nossos sintomas foram leves e todos nos recuperamos completa e rapidamente. Até mesmo a leveza da nossa experiência me levou a confiar em Deus de maneiras totalmente novas.

No final das contas, fiquei grata pelo corpo que Deus me deu, mas muito mais grata por sua graça e pela promessa da eternidade do que jamais fui.

O incrível é que experimentei novos níveis de descanso quando não estava doente e novos níveis de descanso quando estava. A cura, a esperança de ser liberada do esforço e da obrigação de manter tudo funcionando, está disponível para nós quando as condições parecem estar correndo bem e também quando não estão. O seu corpo pode descansar, quer você esteja no peso e no nível ideal de saúde ou não. Deus dá descanso a quem ele ama, não àqueles que o conquistaram como recompensa.

Talvez, muitas de nós desejamos ler este livro e outros como ele porque queremos que o nosso corpo fique melhor. Sabemos que há uma conexão entre a nossa mente, o nosso coração e o nosso corpo — e, em algum lugar, bem lá no fundo da nossa alma, esperamos que, se pensarmos, sentirmos ou soubermos as coisas certas, o nosso corpo começará a melhorar. É aqui que eu lhe digo, de forma vulnerável, que o inimigo da minha alma me tentou com a mesma provocação: *Se você escrever este livro, talvez finalmente consiga resolver as suas questões e colocar o seu corpo em ordem.*

No entanto, percebo que, mais do que precisarmos que o nosso corpo se torne *melhor*, precisamos descansar na verdade inabalável de que ele foi feito *bom*. E parte de concordar com essa verdade eterna é aprender a descansar na terra e permitir que ela descanse.

Assim como a nossa terra experimentou algum descanso durante a pandemia, quando paramos de fustigá-la com viagens copiosas, percebo que muitas de nós somente experimentarão o verdadeiro descanso quando pararmos de fustigar o nosso corpo com estratégias e táticas voltadas para torná-lo "melhor". Até voltarmos para o nosso corpo, apreciando a maneira como ele foi feito bom por Deus, continuaremos a não entender a nossa responsabilidade para com o nosso físico. Seguiremos fustigando o nosso corpo.

E se eliminássemos completamente as declarações performáticas de "se... então" que fazemos sobre o nosso corpo? E se tomássemos a decisão coletiva de tratar o nosso corpo apenas de acordo com o que Deus disse sobre ele? E se decidíssemos que não podemos vencer a maldição de sermos humanas por enquanto, mas podemos esperar pelo momento em que experimentaremos a forma verdadeira que fomos destinadas a ter no céu? E se vivêssemos e tratássemos o nosso corpo não com a aprovação das outras pessoas em mente, mas com os olhos fitos na eternidade? E se olhássemos para a nossa carne e disséssemos: "Você não me deve nada, mas vou tratá-la com honra e bondade porque você foi criada por Deus e chamada de algo bom"?

CADEIRAS DE RODAS INVISÍVEIS E TIREOIDES DEBILITADAS

Este é o momento perfeito para fazer uma pausa e abordar aquelas de nós que têm uma dor muito real em relação ao estado decaído do nosso corpo. Talvez você se identifique com a minha amiga Katherine, que teve um derrame terrível, ou com a minha amiga Heather, que lutou contra a infertilidade. O meu amigo Taylor foi baleado em um tiroteio na escola e convive com uma dor excruciante por causa disso. A minha amiga Gabby tem fibromialgia, e eu a vi chorar de dor após liderar a nossa igreja na adoração. Para muitas de nós, a dor não está em não parecermos do jeito que queremos parecer de maiô — a dor é viver com dor crônica, fadiga, frustração ou sentir-se limitada de maneiras que as outras pessoas não sentem.

De muitos modos, esses meus amigos e amigas me ensinam a ter compaixão pela minha carne enquanto vivem aguardando o céu com expectativa. Eles e elas me chamam a um novo nível de aprendizado em amar o meu corpo porque Deus o criou, mesmo quando estou profundamente desapontada e frustrada com a minha casa terrena.

Quando comecei a lidar com o meu próprio diagnóstico de doença autoimune, muitos anos atrás, postei algo nas redes sociais sobre estar com raiva da minha tireoide. Por mais engraçado e imaturo que isso fosse, acredito que eu disse algo como: "Se eu pudesse socar a minha tireoide, eu socaria." Nunca vou me esquecer do comentário de uma amiga mais velha e sábia que respondeu algo como: "Não! A sua tireoide é o seu corpo — você deve amá-la e tratá-la com gentileza." Lembro-me de me sentir frustrada, achando que ela havia ignorado a minha dor e agitação. Lembro-me de pensar que, se aquela minha amiga tivesse uma tireoide que causasse tantos problemas quanto a minha causa, ela também estaria com raiva.

A minha amiga Katherine, que vive em uma cadeira de rodas, diz que todas nós vivemos em cadeiras de rodas invisíveis. Todas nós temos algum sofrimento ou deficiência, mesmo que não possamos vê-los. Mas tenho observado que as minhas amigas com deficiências ou lesões visíveis, aquelas que lutam traumática e corajosamente ao lado de seu corpo em vez de contra ele, parecem ter em relação à sua própria carne um sentimento de gratidão que é imensamente encorajador. É como se elas pudessem olhar para sua tireoide doente e dizer: "Ei, o que não está funcionando em você agora? Qual é o problema?" em vez de "Você é uma verdadeira dor no pescoço (isso é uma piada, porque a tireoide está no seu pescoço), e eu odeio você. Eu gostaria de poder lhe dar um soco."

Penso no comentário da tireoide até hoje — doze anos depois. Quem de nós estava certa? Está tudo bem ou é mesmo produtivo ficar com raiva do seu corpo quando ele não tem uma alma ou vontade própria? Seriam a gentileza e a bondade ferramentas mais úteis no processo de cura? O que significa ficar com raiva do seu corpo quando o seu corpo é *você*? E se muitas de nós que sentem amargura em relação ao próprio corpo, na verdade, têm dores que precisam ser processadas pela nossa alma e com o nosso Salvador?

Quero dar oficialmente as boas-vindas a todas vocês que têm "cadeiras de rodas" invisíveis, como Katherine diria, mesmo que não tenham cadeiras de rodas literais. Aprendi que é pouco realista esperar por espaços seguros, mas é possível construir espaços de coragem, e oro para que este livro signifique exatamente isso para você. Oro para que você ouça a mesma mensagem que todas as outras pessoas, e, com encorajamento enfático, repito: *O seu corpo é algo bom*. Oro para que a nossa cultura considere cada vez mais as limitações do seu corpo diariamente, enquanto nos arrependemos dos ideais que buscamos e confessamos a nossa própria cegueira, a nossa incapacidade de enxergar os fardos das outras pessoas. Oro para que esta mensagem seja um espaço de coragem no qual você se sinta considerada, apoiada e convidada a liderar a conversa. Obrigada por estar aqui.

O SEU CONVITE PARA DESCANSAR

O convite para descansar de tanto esforço e da tentativa eterna de melhoria dá ao nosso corpo de carne um momento para escapar das críticas, contendas e comparações. O convite para descansar dá ao nosso coração e à nossa mente um momento para fazer e responder perguntas importantes relacionadas à finalidade do nosso corpo, ou seja, para que o nosso corpo serve em primeiro lugar, em vez de continuar sob as suposições de que vivemos de forma automática. O convite para descansar cria uma pausa na qual podemos perguntar: De quem estou realmente com raiva? Com quem estou realmente decepcionada? Como posso direcionar esses sentimentos de uma maneira que seja potencialmente mais produtiva e menos prejudicial para o meu próprio corpo?

Vou convidá-la a algumas novas práticas neste livro, algumas das quais você já pode até ter captado. Algumas levarão tempo para serem estabelecidas, algumas você perceberá imediata e automaticamente, e contra algumas você poderá lutar pelo resto da sua vida. Já convidei você a desacelerar e a considerar como chegamos até aqui — ouvir as mensagens que você recebeu sobre o seu corpo, mergulhar de volta em memórias potencialmente dolorosas que moldaram a sua percepção com relação à sua própria carne. Pedi a você que prestasse atenção no poder de nomeação de Deus, no seu próprio poder de nomeação e no poder de nomeação que outras pessoas tiveram na sua vida. Convidei você a deixar de pronunciar palavras de morte sobre o seu próprio corpo e, em vez disso, considerar o que Deus diria sobre sua própria criação, feita com amor e propósito.

E agora, vou convidá-la a *considerar* fazer a terra descansar. E se você se desse o espaço e o tempo — talvez, digamos, o tempo que levaria para ler este livro — para deixar de se esforçar e ver se o seu corpo *pode* melhorar? E se você olhasse para si mesma, literal e metaforicamente, e dissesse: "Você não precisa estar melhorando agora. Você é boa como é"? E se, em vez de deixar os seus sentimentos de frustração, decepção e derrota invadirem o seu ser como ondas diárias, você notasse esses sentimentos e tentasse redirecioná-los para longe do seu corpo? Estou nos imaginando não necessariamente tentando impedir a maré de chegar, mas observando a tensão de um mar de sentimentos e perguntando a cada onda: "De onde você veio e para onde você deve ir?"

Imagine a sua alma pairando sobre o seu corpo neste momento e dizendo: "Você não pode mexer com esta mulher. Ela foi criada e reconhecida por Deus como algo bom. Não é responsabilidade dela se encaixar em nenhum molde, atender a nenhum padrão ou conquistar a aprovação de qualquer pessoa. Ela é boa. E ela está descansando agora."

Eu gostaria de sugerir três maneiras simples de fazer a terra descansar agora mesmo, a partir de hoje e para sempre.

- Livre-se da ideia de "peso ideal". Talvez seja um número que você já tenha visto antes, um número que disseram que seria certo para você, ou um número que você vem almejando há anos. Fale com Deus. Pergunte a ele se é ok desistir de perseguir esse número e, em seguida, capture e fale a verdade sobre quaisquer pensamentos futuros que apontem para esse número como um objetivo.

- Identifique uma rotina de beleza ou bem-estar que não seja totalmente positiva, porque parece ser algo que você "deve" fazer. Considere abandoná-la. Permita-se perguntar por que isso se tornou uma rotina, a quem você está adorando quando se envolve nela e o que aconteceria se você a ignorasse completamente.

- Preste atenção em quaisquer padrões de privação e/ou recompensa que você tenha adotado. Existem certas coisas que são verdadeiras zonas proibidas, a menos que você as conquiste com um comportamento saudável? Como seria permitir que o seu corpo simplesmente exista sem restrições rigorosas e/ou recompensas por um bom comportamento?

Eu já disse a você que vivo com uma doença autoimune bastante frustrante. Realmente não tenho a opção de deixar de cuidar do meu corpo, então jamais defenderia isso. O meu corpo precisa de exercícios e de alimentos saudáveis. Precisa de descanso e de renovação e, juntos, estamos continuamente descobrindo o que o ajuda a funcionar melhor. Às vezes, ignoro aquilo de que o meu corpo precisa por longos períodos e depois sofro as consequências. Então, quando peço para você fazer a terra descansar, não é convite para abandonar um estilo de vida saudável. Em vez disso, estou incentivando você a olhar para as intenções por trás das suas atividades e perguntar: *Estou fazendo isto por amar o meu corpo ou para transformá-lo em algo a que eu possa amar?*

O meu compromisso é que farei o mesmo, ainda que esse não seja o padrão mais natural para mim. Prometo fazer a minha terra descansar enquanto escrevo e à medida que este livro começa a ganhar forma, lutando contra a mentira do Inimigo de que o meu corpo é algum tipo de indicador de conquista ou utilidade para esta mensagem. Farei a minha terra descansar e continuarei a encorajar você fazer o mesmo, porque a alternativa é continuarmos a agir como acusadoras agressivas, dizendo à nossa própria carne como ela deve se encaixar em um padrão exterior.

Então, respire. Você está livre. O seu corpo é bom porque Deus disse que é bom. É hora de fazer a terra descansar.

PERGUNTAS

Para o que você está preparando
o seu corpo?

•

Você também gostaria de puxar a alavanca e gritar: *Pare!*? Gostaria de parar de tentar "deixar o seu corpo melhor"?

•

Como seria deixar o seu corpo descansar do trabalho contínuo de "melhorá-lo"?

•

O que a sua alma dirá em defesa do seu corpo quando alguma coisa tentar prová-lo?

PALAVRAS DAS NOSSAS AMIGAS

Tiffany: *E se olhássemos para o nosso corpo e disséssemos a ele: "Você não me deve nada. Mas vou tratá-lo com honra e bondade porque você foi feito por Deus e chamado de bom"? Estou convicta disso. O meu corpo tem sido tão bom para mim, e eu o levei ao limite. Ele me acompanhou por quatro anos de faculdade, quatro anos de escola de optometria, concebeu bebês, carregou bebês, liderou adoração e participou de muitas aulas e apresentações de dança. Eu o levei para os encontros de brincadeiras e jogos de futebol dos meus filhos, organizei festas com ele, usei-o para decorar celebrações de amigos. E simplesmente continuo seguindo em frente. Não conto sobre a minha tendência de "continuar seguindo em frente" para receber aplausos, no entanto. Honestamente, essa tendência me levou a muitos consultórios médicos enquanto eles tentavam descobrir as razões para a minha pele ardente, o meu coração acelerado, a minha gastrite e muita, muita dor. A resposta é o estresse. O meu corpo tem sido bom para mim, mas eu nem sempre fui gentil com ele. Agora, tenho consciência de quando ele está implorando por descanso. O Senhor nos deu descanso, mas eu me recusava a aceitá-lo no passado,* acreditando que estaria falhando se cedesse à minha necessidade de descansar. Mas quem sou eu para dizer a Deus que não preciso do que ele ordenou? O que estou dizendo sobre a minha confiança nele quando não aceito o que ele me ofereceu? Deus não é apenas soberano. Ele é bom, e seu presente de descanso é bom para mim.

Kati: *A minha versão de paralisia cerebral é o que chamam de paralisia cerebral quadriplégica espástica; ela afeta todo o meu corpo. Basicamente, a parte do meu cérebro responsável pelas habilidades motoras não se formou corretamente porque nasci de forma prematura. O meu cérebro diz aos meus músculos para não funcionarem "corretamente". Imagine um elástico de borracha bem grosso e esticado ao máximo. Essa é a condição normal dos meus músculos, mesmo quando estão em repouso. Agora, imagine pressionar esse elástico esticado. É assim que os meus músculos se movem, se é que se movem. Requer muita força e "pontos de energia" para eu me mover, andar, ficar em pé, até mesmo me sentar — mais força do que eu jamais percebi ter até realizar uma cirurgia em 2016. Eu sempre forcei o meu corpo ao máximo para ser alguém a quem eu pudesse amar e alguém de que as outras pessoas (assim espero) gostassem, mas o que acabou por acontecer é que me tornei alguém aparentemente bem-sucedida aos olhos do mundo: mãe. Embora eu estivesse feliz fazendo o que fazia (é um trabalho incrível!), nunca me senti digna do amor e da admiração das pessoas ao meu redor, de Deus, da minha família e definitivamente não de mim mesma. Aos meus olhos, o meu valor ainda era medido por aquilo que eu podia fazer pelos outros, não apenas por quem eu sou —*

e eu nunca poderia fazer o suficiente pelas pessoas que eu amava e com quem me importava.

Agora, olho para trás e sou grata pelo descanso, porque vejo onde eu estava e onde estou agora. Deus sabia que eu teria um neto para cuidar nesta temporada e que eu precisaria ter mobilidade. Aprendi muito sobre mim e sobre o meu corpo nestes últimos anos, e também cresci mais no meu relacionamento com Deus à medida que ele me revelou sua obra em retrospectiva. Isso me ensinou a cuidar do meu corpo daqui para frente, pelo menos no que diz respeito à mobilidade, e sou muito grata por isso.

6.
O SEU CORPO NÃO É UM PROJETO

O meu pai morava no exterior quando eu era jovem e, quando eu tinha onze ou doze anos, suas visitas em casa viviam no meu calendário mental como oportunidades para me provar. Qual seria a minha aparência na próxima vez que ele me visse? Eu teria "secado", como elogiamos as jovens garotas quando perdem peso? Eu pareceria saudável e bem arrumada? Eu pareceria mais madura? Ou seria mais uma visita em que a Desarrumada Jessi surgiria — desleixada e frágil, previsível e preciosa ao mesmo tempo?

As visitas do meu pai foram a primeira vez em que comecei a ver o meu corpo como algo disposto em uma linha do tempo: Será que vai melhorar? Será que vai ser suficiente? Será que vai ficar bem?

Não foi culpa do meu pai. Ele não disse nada para provocar os meus pensamentos de um corpo como se fosse um projeto. O meu pai não era o inimigo. O inimigo era a força maligna que guerreia contra a minha alma. O inimigo eram as expectativas culturais, a ideia de uma imagem perfeita de como uma filha e um pai deveriam parecer em diferentes estágios de seu relacionamento. O inimigo era a forma como eu usava o tempo para atormentar e traumatizar o meu corpo, encarando ocasiões e celebrações como prazos e datas de entrega.

O seu corpo não é um projeto

No final das contas, o meu pai voltou a morar em casa, mas as perguntas permaneceram, fervendo sob a superfície por anos. A manhã em que saí para a faculdade, carregando todas as minhas coisas no meu carro, no carro do meu namorado e no carro dos meus pais, aconteceu, por acaso, no meu 18º aniversário. Tanta independência e tantos marcos em um único dia! Colocamos cestas de roupa suja nos bancos traseiros e organizamos várias caixas nos veículos enquanto o ar do verão da Carolina do Sul fazia o suor se acumular nas nossas costas, mesmo que ainda fosse manhã cedo. Nick dirigia atrás de mim e os meus pais atrás dele, enquanto eu seguia no meu próprio carro — apreciando a viagem de duas horas como uma oportunidade de estar sozinha com os meus pensamentos em uma data tão importante.

Observei o meu braço repousando contra a janela do carro, a minha pele se espalhando ligeiramente no vidro, e pensei: *Alguma coisa está errada. Eu deveria ter outra aparência.* Sempre imaginei que, ao ir para a faculdade, eu pareceria menor, mais madura, mais arrumada, menos como... eu era de fato. A realidade não se alinhava com a visão que eu tinha de quem eu seria agora. O projeto não havia sido concluído, pelo menos não bem concluído. O meu estômago se agitou, e voltei no tempo para dezembro de 1995, a primeira vez em que fiquei no aeroporto esperando o meu pai e sentindo que não fizera o suficiente, que não era o suficiente. Percebi que os pensamentos que eu tinha agora, aos dezoito anos, ecoavam os pensamentos que tumultuavam a minha mente enquanto eu estava no pé da escada rolante do aeroporto, esperando o meu pai descer. *Eu estava bem? Eu correspondia às expectativas? Eu era o que ele esperava? Eu era o que eu esperava?*

Continuei dirigindo. Não havia ninguém para responder às minhas perguntas. Com o tempo, as perguntas se transformaram em resoluções, promessas de sempre concluir o "projeto" até a próxima data de entrega.

O dia do meu casamento
O dia em que comecei no meu primeiro emprego de verdade
A primeira vez em que ensinei a Bíblia
Uma viagem missionária
Cada aniversário
Aniversários de outras pessoas
Lançamentos de livros
Férias
Aniversários de casamento

Tratei o meu corpo como um projeto por meses antes do meu casamento, comendo o mínimo possível e me exercitando o máximo possível. Antes do meu primeiro dia no meu primeiro emprego, pratiquei arrumar o cabelo várias e várias vezes, determinada a garantir que eu parecesse madura e elegante de todos os ângulos. Ao me preparar para ensinar a Bíblia pela primeira vez, meditei sobre maneiras de fazer o meu corpo parecer melhor mais do que meditei na Palavra de Deus. Cada aniversário se tornou menos sobre comemorar o que Deus havia feito na minha vida naquele ano e mais sobre preparar o meu corpo para parecer bem nas fotos. Cada momento sagrado era invadido pela sensação, como uma bomba-relógio, de que eu tinha apenas tantos dias, horas, treinos e refeições para me arrumar... mas para quê? Apenas para mais um segundo de autoavaliação no projeto interminável que era viver dentro do meu corpo. A cada uma dessas avaliações, abri espaço para a derrota, a vergonha, o orgulho e o fracasso terem muito a dizer.

O seu corpo não é um projeto

A maioria dos eventos importantes da minha vida vinha acompanhada de uma percepção preestabelecida de como eu gostaria de parecer quando o dia chegasse. Às vezes, eu me imaginava magra, mas, na maioria das vezes, para ser honesta, eu não desejava ser necessariamente menor. Eu apenas queria parecer *em ordem*. Queria parecer arrumada. Queria parecer pronta e preparada para o momento. Queria parecer que eu pertencia a algo. Uma sensação profundamente enraizada no meu coração estava me dizendo que eu não era nada daquilo.

Nos meses que antecederam o meu casamento, eu não me sentia pronta para me casar. Eu estava preocupada por ser jovem demais — assim como todas as outras pessoas à minha volta também estavam preocupadas. Eu não sabia se conseguiria manter um casamento; não sabia se conseguiria fazer dar certo. Eu não me sentia responsável, devota ou madura o suficiente para amar um homem e construir uma vida junto dele.

Se eu pudesse voltar agora e gentilmente orientar ou encorajar a Jess de vinte anos, que caminhava pelo corredor mais preocupada com a suposta gordura nas costas do que com os medos que borbulhavam dentro dela, eu perguntaria como ela estava se sentindo, e depois perguntaria novamente. Eu diria a ela que não *se sentir* pronta não era um indicador de que ela não estava pronta. Eu diria a ela que era correto tremer diante da ideia de comprometer a vida inteira com outra alma, mas isso não significava que aquele homem que a esperava no altar não era a alma certa.

Eu diria a ela que as coisas seriam aterrorizantes, mas que Deus estaria lá e lhe daria graça para cada dia. Eu diria que ela não precisa caminhar até o altar com a sabedoria de uma esposa; ela apenas precisa fazer promessas ousadas que não pode cumprir, porque essa é a natureza de uma noiva. A graça de Deus faz o resto. Porque sei que tanta exortação provavelmente a assustaria e também lhe ofereceria a oportunidade de fugir, mas a avisaria que, se ela o fizesse, perderia a chance de passar a vida com o homem mais gracioso e paciente que ela jamais conhecerá. Eu não contaria a ela sobre os quatro filhos, o cachorro, a igreja e as mudanças pelo país que eles fariam, mas diria que Jesus ama a cada um deles individualmente e amará esse casamento com a devoção feroz que ela sentia não ter.

E eu me pergunto se, em vez de repreendê-la por pensar em seu corpo, falar com sua alma ajudaria a mudar de foco. Eu me pergunto se lembrar a ela do poder presente no meio de sua fraqueza a ajudaria a deixar de se sentir como um projeto que precisa ser concluído antes de algum prazo sombrio. Eu me pergunto se o fato de se sentir espiritual e emocionalmente saudável poderia tê-la ajudado a cuidar melhor de seu corpo físico naquele momento.

Quando você pensa em seu corpo como um projeto com prazo definido, o que vem à sua mente? Talvez para você sejam as férias — ou, esqueça isso, talvez seja a *estação* inteira de férias, também conhecida como "projeto de verão", a mentalidade definitiva de "corpo como projeto". Quantas de nós já tratamos nosso corpo como um projeto a ser concluído até o início do verão?

Algumas dessas ideias pegamos de ninguém em particular, enquanto outras tomamos da nossa cultura, que está gritando alto uma mensagem que não pode ser ignorada. Esta é a história do corpo de verão e da nossa busca elusiva por esse ideal.

Você começa a ouvir isso em aulas de ginástica em agosto. Está na televisão e no rádio em setembro. Dependendo da estação da sua vida, os seus amigos, colegas de trabalho e familiares podem discutir isso ao redor das mesas de almoço ou durante caminhadas ou em chamadas telefônicas para

O seu corpo não é um projeto

colocar o papo em dia. O início do corpo de verão se aproxima e a primeira apresentação do projeto é devida. Eu cresci odiando o verão com paixão, porque todos pareciam estar falando a mesma língua sobre o que significava estar "pronto" para a estação, e eu nunca conseguia chegar lá.

Com carinho, posso perguntar se podemos mudar de assunto? Todas e todos nós? Esse assunto é terrível. Vamos entender por que é péssimo. Vou focar principalmente em como tratamos o corpo feminino como um projeto, mas sei que isso também afeta os homens. O que acontece quando escolhemos tratar o nosso corpo como um projeto? Pelo menos três coisas, nenhuma delas positiva.

1. *Quando tratamos o nosso corpo como um projeto, concordamos com o Inimigo — mesmo que inconscientemente — que as mulheres são meros objetos.* Quando começamos a entrar nas águas tumultuadas e perigosas de "preparar o nosso corpo para o verão", é importante estarmos cientes de que uma movimentação escura, assombrosa e maligna do Inimigo está por trás dessa conversa hoje normalizada.

Não vamos nos enganar: a missão do inimigo da nossa alma é causar dor e caos por meio da objetificação do corpo feminino. Desde agressão sexual ao tráfico moderno de escravas sexuais, à brutalização do corpo feminino em países em desenvolvimento e ao problema de proporções pandêmicas da pornografia, o Inimigo ataca o mundo constantemente usando a objetificação do corpo feminino como veículo.

É como se, em algum momento, a ideia surgisse na mente de alguém: "Posso simplesmente tratar as mulheres como coisas. Desligá-las de sua alma, de sua mente, de seus papéis no Reino.

Posso fazer que os homens tratem seu corpo como um objeto a ser usado e abusado. Isso vai perturbar *todo mundo*."

Quero fazer uma pausa aqui e dizer que sei que, para muitas de nós, essas palavras não são vazias. Elas estão ligadas a memórias dolorosas, experiências traumáticas, momentos reais que daríamos tudo para não ter vivido. Quero convidar todas nós a pedir a Deus que nos mostre onde ele estava quando nossos traumas ocorreram, onde estava o coração dele em meio à nossa dor. Onde ele está agora, quando tantos corpos femininos ainda não estão seguros? Vamos dar uma olhada na resposta de Deus a essa pergunta essencial:

> Mas agora esta é a Mensagem do Eterno,
> do Deus que fez você, Jacó,
> daquele que o formou no início, Israel:
> "Não tenham medo, eu os redimi.
> Eu os chamei pelo nome. Vocês são meus.
> Quando estiverem atolados até o pescoço em
> problemas, estarei lá com vocês.
> Quando estiverem atravessando águas profundas,
> vocês não se afogarão.
> Quando estiverem entre a cruz e a espada,
> não será um beco sem saída —
> Porque eu sou o Eterno, o seu Deus pessoal,
> o Santo de Israel, seu Salvador.
> Paguei um preço altíssimo por vocês:
> todo o Egito e ainda a Etiópia e Sebá!
> Vocês significam muito para mim!
> Sim, eu os amo tanto assim!
> Eu venderia o mundo inteiro para comprar
> vocês de volta;

O seu corpo não é um projeto

trocaria a criação inteira só por vocês
(Isaías 43:1-4, A Mensagem, grifo na citação).
O Senhor está perto dos que têm o coração
quebrantado e salva os de espírito abatido
(Salmos 34:18).

Só ele cura os de coração quebrantado
e cuida das suas feridas (Salmos 147:3).

O nosso Pai criou as mulheres com propósito e cuidado, e ele valoriza o corpo feminino assim como a alma feminina. Ele nos criou tendo em mente algo além da existência terrena — ele nos criou com valor, impacto e visão eternos.

O nosso Pai lamenta a queda mais do que poderíamos imaginar. Não seria escolha dele que vivêssemos no quebrantamento e na escravidão. Com amor, ele providenciou um resgate por meio de seu Filho. O nosso Pai nos cura quando estamos com o coração quebrantado, chama o nosso espírito esmagado para mais perto do dele, nos abraça e nos traz cura de uma maneira que o tempo e as outras pessoas nunca podem fazer.

O que tudo isso tem a ver com preparar o nosso corpo para o verão? De certa forma, de uma maneira em que talvez nem soubéssemos que estamos nos associando com o Inimigo, quando sentimos a necessidade de preparar o nosso corpo para qualquer estação ou evento, estamos concordando que o corpo feminino não merece ser tratado como a alma, mas como um objeto.

Essa é uma área da nossa vida em que podemos estabelecer uma fronteira firme e dizer: *Não concordarei com o Inimigo. Não permitirei que o meu corpo seja tratado como um objeto. Não vou nem mesmo colocar um dedo nas águas escuras e fervilhantes da objetificação feminina e separar seu valor de sua alma por um momento.*

2. *Quando tratamos o nosso corpo como um projeto, desviamos o foco da glória de Deus para a nossa própria glória.* Para muitas de nós, o desejo ou a motivação fundamental em tratar o nosso corpo como um projeto não é a objetificação. Talvez não tenhamos percebido que estávamos nos associando ao Inimigo em seu ataque, porque a objetificação não está no nosso próprio coração. O que pode estar no nosso coração, no entanto, é o desejo pela nossa própria glória ou, mais especificamente, o desejo de que o nosso corpo seja elogiado pelas outras pessoas.

Uma das estratégias mais astutas e eficazes do Inimigo é corromper o nosso foco. Na tentativa de valorizar o corpo feminino, confundimos celebração com glorificação. Confundimos dar glória a Deus por algo bom que ele fez e desejar a glória para o nosso próprio corpo, o que, no final das contas, desvia o foco do nosso bom Deus.

> *"Eu sou o Senhor; este é o meu nome!*
> *Não darei a outro a minha glória*
> *nem a imagens o meu louvor" (Isaías 42:8).*

Vou começar (e permanecer) comigo mesma, já que este é um tópico cheio de tensão. Para ser honesta, tenho um leve desejo plantado no meu coração de que as outras pessoas me elogiem. Mesmo quando criança, eu ansiava por atenção e aprovação. Quando criança, eu não sabia das coisas, mas, como adulta, eu *sei*. Agora, como seguidora de Jesus que busca dar glória a ele, posso trabalhar a partir de um lugar de convicção e honestidade para confessar que, quando trato o meu corpo como um projeto, parte do que imagino quando o projeto está "concluído" é a glória e o elogio que as outras pessoas darão ao meu corpo.

Esse desejo é pecaminoso; não é para isso que fui feita. Fui feita para dar glória a *Deus*. Quando me encontro querendo a glória de Deus para mim mesma, isso é essencialmente adorar o ídolo da criação que ele fez para *dar* glória ao próprio Deus.

Há uma distinção entre celebrar o que Deus criou e adorar a criação. Celebramos o corpo que Deus nos deu ou o adoramos? Celebramos a igreja como a família de Deus ou a elogiamos excessivamente? Damos glória a Deus ao consumir a comida que ele nos deu ou a transformamos em um ídolo ao redor do qual a nossa vida gira?

Responder a essas perguntas requer exercer o discernimento, ouvir o Espírito de Deus e ser honesta sobre o que se passa no nosso coração. Fazer essas perguntas — permitir que Deus nos faça essas perguntas — requer coragem e crença na justiça de Cristo. Mas vale a pena levantar essas questões.

Se conseguirmos traçar uma linha direta entre tratar o nosso corpo como um projeto e desejar elogios e glória, podemos e devemos nos arrepender, parando imediatamente de nos associar a essa prática. Amém?

3. *Quando tratamos o nosso corpo como um projeto, perdemos a abundância que Deus já tem reservada para nós na nossa vida aqui e agora.* A nossa igreja fala muito sobre abundância. A minha família fala muito sobre abundância. Eu escrevo bastante sobre abundância. Eu amo a ideia de abundância.

"O ladrão vem apenas para roubar, matar e destruir; eu vim para que tenham vida e a tenham plenamente" (João 10:10).

A expressão "plenamente" em grego é περισσός, ou *perrisos*, e significa "abundante". Especificamente, significa "mais, maior, em excesso, além do que é antecipado, ultrapassando o limite esperado".

Se lermos a Bíblia em trechos e partes, sem olhar para o amplo contexto do que Deus valoriza e ensina em toda a Escritura, podemos ser tentados a interpretar "abundância" como mais do que a terra valoriza. Podemos acreditar que a abundância significa mais conforto, mais dinheiro, mais coisas. No geral, as Escrituras nos ajudam a lembrar que as coisas deste mundo desvanecerão e se queimarão (cf. 1Coríntios 7:31), que a riqueza pode ser uma pedra de tropeço quando se trata de entender o Reino (cf. Mateus 19:24), e que seguir a Jesus muitas vezes requer quebrar a lealdade às coisas a que estamos apegadas (cf. Mateus 19:21).

À luz dessa reflexão, precisamos lembrar que o "mais", a abundância que Jesus veio nos trazer, é espiritual e, portanto, eterna. É paz. É conforto. É sua presença. É seu poder! É renovação. É visão. É cura. É esperança! É missão, propósito e paixão, que estão ao nosso alcance. É tudo isso e mais — é abundância, comprada para nós na cruz de Cristo.

E se estivermos perdendo essa abundância agora porque estamos nos mantendo presas a uma mentalidade que encara o nosso corpo como um projeto? E se acreditarmos que precisamos alcançar ou conquistar a abundância tornando-nos mais parecidas com o que a nossa cultura espera de nós? E se entendemos erroneamente o conceito de abundância como um todo porque compramos a mentira de que a melhor coisa que podemos fazer é ter um "corpo bom" quando já temos um corpo muito bom aos olhos de Deus?

E se o Inimigo não pudesse nos derrotar ou nos tirar os nossos dons ou arruinar a nossa vida, então ele apenas nos faria desejar ser melhores do ponto de vista terreno? E se estivermos perdendo a verdadeira compreensão espiritual, eterna e do que Deus faz nas estações e por meio delas porque estamos tentando conquistar um "corpo de verão" e tratando a nossa carne como se fosse um projeto a ser concluído?

Podemos tratar o nosso corpo como o bom presente que ele é? Podemos declará-lo bom, exatamente como está agora, e lembrar que a coisa mais importante que possuímos é a nossa alma?

A COISA MAIS VERDADEIRA SOBRE VOCÊ

É hora de apresentar outra heroína na história pessoal do meu corpo. O nome dela é Meredith. Ela é minha orientadora, e eu poderia passar o resto deste capítulo contando histórias incríveis e engraçadas sobre ela. As histórias incríveis giram em torno da sabedoria e perspicácia que ela oferece sem falhar. Ela é firme e gentil, e realmente uma das melhores mulheres que conheço.

As histórias engraçadas? Estas são sobre o meu apego não profissional a Meredith. Certa vez, quando a encontrei em uma cafeteria, eu não sabia se estaria quebrando algum tipo de código se eu dissesse olá. No final, acabei dizendo "Oi", mas também infelizmente acabei dizendo que a amava. Então precisei dizer que lamentava ter dito que a amava, mas que realmente a amava. Isso resume tudo.

Meredith tem sido uma heroína na minha jornada para acreditar que o meu corpo é bom. Sou incrivelmente grata a ela. Uma vez, eu estava preparando o meu coração e processando os meus medos pessoais para ser dama de honra no casamento de uma amiga querida. Eu amo a minha amiga e mal podia esperar para ficar ao lado dela, mas estava me sentindo insegura em relação ao meu corpo. Descrevi para Meredith todas as características da situação que me preocupavam (usar um vestido que não se encaixava no meu estilo de corpo, ficar na frente das pessoas e me sentir observada por todos e todas, e ter a minha foto tirada tantas vezes), quando ela me fez a pergunta de ouro:

"Qual é a coisa mais verdadeira sobre você? O que você leva para cada um dos espaços em que você entra?"

Tenho quase certeza de que precisei sair da sessão naquele dia sem responder, porque tinha de refletir muito sobre isso. Havia muitas respostas que eu queria dar, mas elas pareciam ser o que eu deveria dizer, não o que eu acreditava ser verdadeiro.

Demorei algumas semanas, mas cheguei à minha resposta, e a verdade disso continua me transformando.

A coisa mais verdadeira sobre mim, o aspecto mais valioso de mim, que levo para cada situação e cada relacionamento, é que Deus me ama, me chama de amiga e me tornou sua embaixadora na terra.

Essa verdade não depende do *meu* trabalho ou da *minha* bondade, então não se torna falsa depois de um dia difícil ou em uma temporada mais complicada. Mas o fato de ser amada transforma a maneira como eu amo e sirvo às outras pessoas. Isso me leva a dar tudo o que tenho e a receber tudo de que preciso. Isso me transforma e me envia ao mundo. Isso muda a minha perspectiva no momento e me impulsiona para o futuro com um propósito. O fato de Deus me chamar de amiga é o que me *capacita* a ser amiga das outras pessoas. A vocação, a missão, a visão e o propósito que ele escreveu para a minha vida me permitem caminhar pelo mundo com esperança e cura.

Ser amada, cuidada e enviada por Deus é o que me ajuda a entrar em qualquer casamento cheia de luz e amor, e isso é mais transformador do que a aparência de qualquer vestido de dama de honra.

O mesmo é verdadeiro para você, minha amiga. Podemos rejeitar a ideia de que o nosso corpo é um projeto a ser trabalhado, porque essa ideia está enraizada na objetificação obscura e demoníaca das mulheres. Podemos fugir da tentação de continuamente desafiar o nosso corpo, buscando obsessivamente deixá-lo "bom", porque ele foi criado bom desde o início, e não queremos roubar a glória de Deus ao tentar buscá-la para nós mesmas. Podemos rejeitar qualquer noção que sugira que o nosso corpo é a parte mais importante ou notável de nós, porque sabemos que a nossa alma também carrega beleza e valor para o mundo.

Não somos um projeto. Somos filhas de Deus, compradas a um preço, presenteadas com dons, habilidades e vocações que podem literalmente mudar o mundo. Não estamos esperando ser lembradas pelo tamanho das nossas coxas ou pelo brilho dos nossos cabelos ou pela nossa capacidade de "voltar ao normal" após ter um bebê. Estamos aqui para fazer brilhar a luz de Jesus, para amar o nosso próximo, para usar o que temos em favor dos outros e para a glória de Deus. Não somos um projeto; somos embaixadoras de Deus e não seremos iludidas novamente a acreditar em outra coisa. Amém?

AGORA COLOQUE EM PRÁTICA

Vamos manter o nosso ritmo de não apenas reter conhecimento, mas colocar a verdade em ação.

Primeiro, algumas perguntas difíceis:

1. *Quando e como você é mais tentada a tratar o seu corpo como um projeto?*

É no verão? Nas férias? Quando vai encontrar certos amigos? Para ser honesta, as ocasiões em que sou mais tentada a tratar o meu corpo como um projeto ou um teste no qual serei avaliada são os momentos em que sou chamada a usar os meus dons espirituais. Domingos importantes na igreja, os dias de batismo dos meus filhos, os lançamentos de livros, até mesmo as celebrações significativas sobre outras pessoas. Isso me desencoraja muito, pois sei que a energia direcionada para cuidar do meu corpo e "prepará-lo" seria muito mais bem empregada na preparação do meu coração. Sei que o Inimigo conquistou algum terreno nesses momentos, pois os fiz girar em torno de mim, não em torno do reino de Deus, o que me entristece muito.

2. *Como você pode ativamente deixar de concordar que o corpo feminino está sujeito à objetificação na sua vida?*

Oro para que o Espírito Santo seja gentil e completo em nos guiar para a honestidade ao fazermos essa pergunta.

3. *Onde e como você pode buscar dar glória a Deus com o seu corpo?*

Sou uma grande fã da substituição como ferramenta de arrependimento. Se você tem dedicado uma quantidade substancial de tempo e energia buscando a sua própria glória por meio do seu corpo, como você pode usar essa energia para dar glória a Deus com o seu corpo? Como você pode liderar? Servir? Falar sobre a verdade de Deus? Você pode fazer uma caminhada de adoração? Pode fazer uma festa de dança de louvor? Como isso pode funcionar para você?

4. *Qual é a coisa mais verdadeira sobre você?*

O seu corpo não é um projeto

Agora, vamos tentar algumas práticas que dão vida:

1. *Pratique estar presente no seu corpo e na sua vida nesta semana.* O que está correndo bem? Quais coisas boas precisam da sua atenção e gratidão? Quais coisas difíceis precisam da sua atenção e oração?

   Nunca é demais para mim reconhecer que um tempo tranquilo comigo mesma e com o meu Deus redefine a maneira como vejo o meu corpo e como trato o meu corpo. Por dez minutos ou duas horas, pratique estar presente no seu corpo.

2. *Recorra a Deus para substituir o seu "projeto" de corpo pela oração.* Mais uma vez, acredito que a substituição é uma grande parte da renovação da nossa mente. Não podemos apenas ficar *esperando* que a mudança ocorrerá em nós; muitas vezes precisamos colocar algo positivo no lugar onde algo negativo habita.

3. *Peça a Deus para lhe dar uma visão de algo maior do que você, que não envolva tornar o seu corpo aceitável segundo os padrões da cultura.* Peça a ele um chamado, uma tarefa ou uma oração aos quais você possa dedicar a sua energia.

4. *Volte a um momento importante do seu passado, quando você tratou o seu corpo como um projeto.* Peça a Deus olhos para ver o seu corpo como ele viu. Peça a Deus pela capacidade de perceber onde ele estava e quão pronta você estava, independentemente da aparência do seu corpo nessa ocasião.

PALAVRAS DAS NOSSAS AMIGAS

Ariana: *Estou tão feliz que a Jess tenha exposto a missão do Inimigo de objetificar o corpo feminino. E quero reconhecer que essa missão se manifesta de maneiras que às vezes são bastante específicas para a nossa cultura e para diferentes tipos de corpo.*

Não cresci desejando a versão de beleza vendida pela mídia. Sou porto-riquenha, então os meus objetivos eram um pouco diferentes (olá, JLo!). Uma figura curvilínea do tipo violão é a norma na minha família. Então, fiquei feliz quando me tornei uma jovem mulher depois de ser uma garota supermagra e "sem curvas" nos meus primeiros anos.

No entanto, essa alegria não durou muito. O meu corpo atraiu muita atenção indesejada. Fui assediada por garotos de uma forma mais agressiva do que acontecia com as outras meninas. Disseram-me que eu teria de usar roupas mais largas se quisesse cantar no grupo de adoração da igreja. Aprendi que o meu corpo, aquele pelo qual eu era tão grata, era visto pelo mundo como um obstáculo, não importava quão modesta eu tentasse ser. Em vez de sentir alegria ou orgulho, eu carregava vergonha e caminhava com medo de corromper os homens apenas por usar uma calça jeans.

Mulheres, a vergonha não é para nós. Vamos romper com a missão do Inimigo contra o nosso corpo.

Repita comigo: O meu corpo não é uma mesa posta para o pecado.

7.
RESTAURANDO O SEU CORPO A SEU PROPÓSITO ORIGINAL

"Farei cicatrizar o seu ferimento e curarei as suas feridas", declara o Senhor [...] (Jeremias 30:17).

Confesso que sou uma questionadora irritante, e não consigo parar. Quando criança, eu fazia perguntas muito incisivas, muitas vezes nos momentos mais inconvenientes, porque por que não fazer? A minha mãe costumava chamá-las de "Jessizices". Durante toda a minha infância, ela brincava que estava anotando os meus questionamentos, guardando-os para um dia registrá-los em um livro ou coisa semelhante. E, olhando para trás, acredito que não era a curiosidade o que impulsionava minhas perguntas, mas a confusão em relação às coisas que eram consideradas como *status quo*. Se algo era geralmente aceito pelos outros, mas não fazia sentido para mim, eu trazia à luz, mesmo que não fosse culturalmente apropriado fazê-lo. A situação mais engraçada de que nós duas nos lembramos é que havia uma grande colina no nosso bairro. No lado em que se subia de carro, havia uma placa de trânsito que dizia "COLINA". Certo dia, comentei com a minha mãe como essa placa me parecia boba — Por que ter uma placa que afirmava o óbvio?

Eu não estava obcecada com as coisas *como* elas eram, mas com o *porquê* de elas serem assim ou assado. Eu nunca tentei desmontar um tocador de DVD, mas me perguntava por que os DVDs eram redondos, não quadrados. Eu nunca me importei com o funcionamento do sistema respiratório no corpo, mas me perguntava seriamente por que muitos de nós temos essa pequena reentrância entre o nariz e a boca. No fim das contas, acabei indo atrás da resposta: a tal reentrância é chamada de *filtrum* e é fascinante. Eu não ficava me perguntando de que forma um presidente era eleito, mas por que as pessoas votariam nele e por que ora bolas ele gostaria de concorrer a um cargo político antes de qualquer outra coisa. A origem, o propósito e o plano por trás de algo até hoje me intrigam, muitas vezes mais do que a execução e a avaliação de cada uma dessas coisas.

Da mesma forma, descobrir *o porquê* tem me atormentado à medida que a minha percepção a respeito do meu corpo tem mudado. Em todos os anos que passei fazendo coisas e me preocupando com meu corpo, sempre tive uma certa sensação e uma convicção de que eu estava desejando as coisas erradas pelos motivos errados. E, muitas vezes, era exatamente isto o que estava acontecendo: eu desejava a perfeição do corpo em vez da liberdade, e desejava a transformação para a minha glória em vez de mirar a glória de Deus.

Durante esse tempo, eu sempre me senti atormentada pela suspeita constante de que eu não experimentaria verdadeira liberdade e cura até desejar isso pelos motivos certos. Eu me preocupava com a ideia de que não experimentaria restauração no meu corpo até que o meu porquê fosse aceitável para Deus. Lembro-me da primeira vez que permiti que essa preocupação saísse dos recônditos mais profundos do meu cérebro e chegasse até os meus lábios. Eu estava na faculdade, conversando com uma grande amiga, quando tudo veio à tona.

Eu não me importo em dizer que naquela época eu estava vivendo sob uma extrema escravidão. Quero honrar a minha intenção de manter este livro livre de gatilhos, então não vou me aprofundar em todos os diferentes comportamentos desordenados relacionados à minha imagem corporal com os quais eu estava envolvida àquela época. Alguns eram visíveis e elogiados como saudáveis por pessoas que eu conhecia, mas outros eram sombrios e silenciosos — eram ocultos e desesperados. A luz não podia entrar porque eu a mantinha intencionalmente afastada — era uma mistura de vergonha e sedução que me fazia manter escondido o meu quebrantamento. Eu estava mergulhada em um abismo, cavando cada vez mais fundo na direção errada, apenas em busca de aprovação. O meu corpo era um dano colateral na minha busca por ser alguém que valesse a pena conhecer, alguém que valesse a pena amar.

Mesmo no abismo, eu era capaz de identificar que havia duas guerras principais que eu estava travando: uma guerra interna e uma guerra externa. A guerra interna era entre mim e Deus, lutando e brigando sobre o que era pecado e egoísmo, e o que seria finalmente entregue ao Senhor. A guerra externa era a batalha entre mim e a minha carne. Como eu me tornaria a imagem de mim mesma que fosse ideal? Como o meu corpo se tornaria "bom", não apenas aos meus olhos, mas aos olhos da minha cultura? Como eu poderia colocar a minha vida nos trilhos?

Na minha mente, eu via uma conexão, mas não era a verdadeira conexão que vejo hoje. Eu estava em pé na nossa pequena casa alugada da faculdade, transpirando por causa do calor do verão da Carolina do Sul, e em voz alta eu disse para a minha amiga aquilo que, até então, eu só havia ousado ponderar dentro na minha própria cabeça: *"Eu meio que acho que Deus não vai deixar meu o corpo ficar em ordem até eu acertar o meu coração. Na teoria, o meu corpo deveria estar mudando — deveria estar funcionando bem —, mas estou fazendo isso de forma tão pecaminosa que tenho quase certeza de que Deus está me segurando até que meu coração seja purificado."*

Lembro-me vagamente de a minha amiga dizer que ela nunca tinha pensado nisso antes. Eu gostaria muito de que a minha memória incluísse o meu próprio reconhecimento do quanto a minha teoria estava equivocada, e quanto era contrária ao pensamento de Cristo. No entanto, dezoito anos depois, ainda estou desvendando esta falsa declaração condicional na qual acreditei a respeito de Deus: Se eu colocar o meu coração nos trilhos, Deus fará o meu corpo ficar "certo" também.

Há inúmeras camadas de falsidade aqui, mas vamos focar nos três pontos principais:

- Deus não pode "colocar o meu corpo nos trilhos", porque ele já fez isso. Ele criou e reconheceu o meu corpo como algo bom desde o princípio.
- O meu coração só pode ficar "nos trilhos" se for como o coração de uma pessoa santa, salva pela graça, em um mundo caído. Do contrário, ele sempre terá motivações e desejos falsos.
- Deus definitivamente não recompensará a retidão espiritual com o sucesso mundano, e eu não tenho direito de cultivar essa expectativa.

Como o meu marido frequentemente me faz lembrar, não investimos na esfera espiritual para obter ganhos no mundo físico. Podemos orar por bênçãos físicas, podemos pedir por elas, e podemos até mesmo trabalhar no âmbito físico para alcançar bênçãos físicas (como trabalhar no nosso emprego em troca de dinheiro). Mas Deus não pode ser enganado nem zombado, e simplesmente não acredito que o grande plano de Deus para a minha vida inclua que eu tenha a aparência de uma boneca Barbie cristã, sabe? Acredito que Deus deseja o bem para mim, que ele faz o bem para mim, e que ele faz o bem em meu nome; contudo, acho também que o bem que ele faz e deseja é muito maior do que alcançar os padrões de beleza estabelecidos pela minha cultura.

Caso ninguém nunca tenha lhe dito isso, eu gostaria de fazer uma pausa e oferecer a você o mesmo encorajamento. Acredito que Deus deseja o bem para o seu corpo. Acredito que Deus deseja cura e restauração para você. Acredito que Deus deseja a liberdade e quer que você experimente a plenitude que ele comprou para você na cruz de Cristo. Mas não acredito que isso signifique que você parecerá como sempre esperou parecer. Não acredito que a restauração seja definida pela experiência do corpo físico que idealizamos ter aqui na terra; pelo contrário, acredito que seja uma visão muito maior do que isso.

Nos dias de hoje, acredito que há uma conexão entre a "adequação" do meu corpo e a postura do meu coração, mas de forma completamente diferente do que você poderia esperar. Não acredito mais que, se o meu coração estiver entregue a Deus, ele me recompensará com o corpo que eu desejo. Hoje, acredito que, quando o meu coração está entregue a Deus, com ele no trono e seu reino como a pedra fundamental da minha visão de mundo, eu sou capaz de ver quão adequado e bom o meu corpo já é.

O PORQUÊ ANTES DO COMO

Nos dias de hoje, todo mundo adora falar sobre como crescer na vida. Eu também adoro falar sobre isso. Amo traçar estratégias e planos de como crescer em todas as áreas da minha vida.

Vamos crescer espiritualmente! Vamos crescer em liderança! Vamos crescer pessoal e coletivamente! Eu gostaria também de crescer nas minhas habilidades domésticas e na minha capacidade de liderar uma reunião produtiva. Há alguns anos, o meu marido, já na casa dos trinta anos, literalmente cresceu alguns centímetros, e eu fiquei honestamente com muita inveja. Vamos crescer! Vamos falar sobre como fazer isso.

Quando fantasio sobre o meu dia dos sonhos, o melhor dia que eu poderia ter na vida, sempre incluo algumas horas em pé diante de uma lousa, fazendo um plano com alguém que amo. Esse plano, esse presente de estratégia que adoro exercitar, é uma parceria com Deus para descobrir a melhor maneira de crescer — o melhor caminho para expandir.

E eu ouso afirmar que grande parte da Palavra de Deus é pura instrução sobre *como* crescer nesta vida. Temos Lucas 8, a Parábola do Semeador:

> *"Este é o significado da parábola: A semente é a palavra de Deus. As [sementes] que caíram à beira do caminho são os que ouvem, e então vem o Diabo e tira a palavra do seu coração, para que não creiam e não sejam salvos. As que caíram sobre as pedras são os que recebem a palavra com alegria quando a ouvem, mas não têm raiz. Creem durante algum tempo, mas desistem na hora da provação. As que caíram entre espinhos são os que ouvem, mas, ao seguirem seu caminho, são sufocados pelas preocupações, pelas riquezas e pelos prazeres desta vida, e não amadurecem. Mas as que caíram em boa terra são os que, com coração bom e generoso, ouvem a palavra, a retêm e dão fruto, com perseverança" (v. 11-15).*

Para crescermos bem, precisamos de um bom solo. Isso é de grande ajuda! O texto de 2Pedro 1:5-8 nos dá vários *insights* sobre em quais áreas buscar crescimento e como amadurecer espiritualmente:

> *Por isso mesmo, empenhem-se para acrescentar à sua fé a virtude; à virtude o conhecimento; ao conhecimento o domínio próprio; ao domínio próprio a perseverança; à perseverança a piedade; à piedade a fraternidade; e à fraternidade o amor. Porque, se essas qualidades existirem e estiverem crescendo em sua vida, elas impedirão que vocês, no pleno conhecimento de nosso Senhor Jesus Cristo, sejam inoperantes e improdutivos.*

Sermos reflexivas a respeito de como crescemos e de que maneiras crescemos é uma empreitada encantadora e incrivelmente proveitosa. Eu parto do pressuposto de que você comprou este livro ou começou a lê-lo com a intenção de crescer e com a esperança de receber orientações sobre como fazer isso. Isso é muito bom, de grande valor mesmo. No entanto, tenho uma pergunta peculiar a ser lançada diretamente para o seu coração. Uma pergunta fora do comum que talvez você não tenha considerado antes.

Você sabe *por que* deseja crescer?

Vamos ser específicas aqui: No que se refere a adotar uma mentalidade voltada para o Reino, a experimentar liberdade no seu corpo, *por que* você deseja crescer? Qual é a motivação para esse crescimento, para esse movimento?

Sou totalmente a favor de respostas relacionadas a Jesus, se você as considera verdadeiras, mas sugiro que tornemos este um espaço mais corajoso, no qual todas possamos abrir o zíper que nos comprime e ser honestas sobre os desejos do nosso coração. Para conduzir essa conversa com habilidade, vou começar a compartilhar algumas predisposições que encontrei divagando na minha própria mente.

Eu desejo trabalhar na minha imagem corporal porque quero que as outras pessoas pensem que estou bem. Acredito que não parecerei tão fragilizada se essa parte de mim estiver "consertada".

Voltaremos a isso. Enquanto estou me sentindo assim tão resoluta, vou mencionar outra predisposição:

Quero trabalhar na minha imagem corporal porque acredito que isso me tornará mais desejável. Se eu for livre, saudável e confiante, outras pessoas vão querer me conhecer e estar perto de mim.

E por fim:

Desejo estar em paz. Quero alinhar o meu coração e o meu corpo com a vontade de Deus para finalmente poder respirar fundo e viver em paz com quem eu sou.

Qual é o sentido de fazer questionamentos tão profundos sobre *por que* queremos crescer? Por que puxar esse fio da meada e examinar o nosso coração com tanta intensidade? Tenho certeza de que não é porque eu quero me afundar na introspecção mórbida, mas sim porque descobri que desejos e motivações equivocados me impedem de enxergar a abundância, a cura e a liberdade das quais *já disponho*. Foram as motivações que *não* estão enraizadas na verdade de Deus que me mantiveram afastada da restauração. E, se eu acredito que Deus criou e reconheceu o meu corpo como algo bom, então não estou trabalhando para tornar o meu corpo bom, mas, na verdade, estou me esforçando para vê-lo restaurado à sua criação original.

Há alguns dias, permiti a mim mesma nomear esses desejos e motivações mal direcionados na privacidade do meu diário. Divulgar as minhas motivações (sejam elas boas ou ruins) é um dos meus passatempos favoritos, e descobri que

LIBERTE-SE DA VERGONHA DO SEU CORPO

a honestidade com Deus muitas vezes me leva a descobrir a abundância que sempre esteve lá. Quando entrei no lugar secreto e derramei o meu coração diante de Deus, não importa o quão assustador isso seja, o refrigério que recebi naquele momento transbordou da minha boca para a minha vida. Não consigo manter a cura que surge quando eu sou ouvida por Deus em segredo, e a confissão da minha cura produz frutos. Perguntar *por que* eu quero crescer muitas vezes me leva a *como* posso crescer. Você entende o que estou querendo dizer?

Mas, voltando à experiência de nomear as minhas motivações em voz alta para Deus, depois disso senti o impulso do Espírito Santo de falar a verdade aos desejos do meu coração. E foi quando percebi uma mudança acontecendo. Aqui está o que escrevi na ocasião endereçando meus vários desejos:

Para o desejo de parecer que você está bem: Jess, você já está bem. Você sempre esteve bem. Você foi criada em amor e foi redimida em promessa por Deus. Você nunca vai crescer ao ponto de não precisar mais do evangelho, mas, quando Deus olha para você, ele vê Jesus. E você é livre! Você é completa! Você está curada! Você ainda vive sob os efeitos deste mundo caído, então talvez não se sinta dessa forma, mas Deus não está privando-a de nada disso.

Para o desejo de ser desejada: Você já é desejada. O Deus que criou o universo pagou o preço da vida de seu Filho para que você pudesse se aproximar dele. Ele ama você e adora estar com você. A coisa mais verdadeira sobre você sempre será que você é amada por Deus. Nenhum desejo humano pode se comparar ao desejo divino de estar perto de você.

Para o desejo de me sentir à vontade: Você pode se sentir assim. Pela graça, por meio da fé, você pode ser envolvida na segurança do seu Pai. Mas, enquanto viver nesta terra, nunca vai se sentir totalmente em casa. As coisas sempre vão parecer um pouco estranhas. É melhor desistir dessa luta e se acostumar a sentir falta do céu, porque esse é o lugar para o qual você foi criada.

Ao simplesmente nomear esses desejos e falar a verdade sobre eles, percebi que prestar atenção no *porquê* de querer crescer, e depois abordar esse *porquê,* pode ser algo incrivelmente proveitoso. E mais, quando identifico o que me impulsiona a expandir e me desenvolver, percebo uma coisa: *Olhe só! Já estou crescendo.* E não é que estou me tornando uma pessoa nova, mais forte, melhor — estou voltando à verdade de Deus que vive em mim. Estou sendo restaurada.

NÃO PRECISAMOS DA SUA TENDA AQUI

Os discípulos de Jesus eram daquelas pessoas que sempre queriam saber *como* e *o quê*. Muitas vezes, eles perdiam o *porquê*, e isso parecia entristecer Jesus. *O que* era a missão deles, a tarefa indiscutivelmente importante que haviam recebido: a de fazer outros discípulos e trazer o reino dos céus à terra. O *como* variava desde curar pessoas até pregar, fornecer alimentos e, por fim, recorrer à oração. O *porquê* era porque Jesus é digno de adoração. Por quê? Porque ele é o Filho de Deus. Por quê? Porque ele nos ama e nos leva ao seu Pai.

Gosto de imaginar a frustração de Jesus quando leio sobre os discípulos entendendo tudo errado, e de imaginar que tipo de expressão ele fazia. Em Mateus 16, quando Jesus chama Pedro de "Satanás", imagino que o nível de irritação tivesse atingido o pico máximo. Talvez o nível 12 na escala até 10? Consigo imaginar Jesus respirando fundo e olhando para o céu quando, em Mateus 18, os discípulos começam a discutir sobre quem seria mais honrado no céu. Eu diria que seu nível de irritação tenha alcançado uns 9,3 na escala até 10 dessa vez. Você consegue imaginar? Respiração profunda, olhar silencioso para o céu e oração: "Pai? Esses *caras* estão falando sério?". Quando provavelmente sentia vontade de gritar com os discípulos, Jesus chamava uma criança para se juntar a eles enquanto pregava calmamente sobre humildade e o reino dos céus.

No entanto, entre esses dois momentos frustrantes, há outro que me fascina demais — o monte da Transfiguração.

Jesus está no meio de seu ministério terreno. Ele está curando pessoas, ensinando a muitos, e até já previu sua própria morte. Ele está viajando com os doze discípulos escolhidos e uma multidão que se juntou a eles. Jesus ocasionalmente se afasta com um ou alguns discípulos — para ensinar algo específico e comovente. Ele tem interações individuais com pessoas que são registradas no texto bíblico porque são significativas para todas nós. E, então, em Mateus 17, Jesus convida Pedro, Tiago e João para subirem ao monte com ele. Podemos supor, com base na localização registrada na Bíblia, que se tratasse do monte Tabor, em Israel.

Lá na montanha, Jesus permite que seus discípulos o vejam transformado em uma versão de si mesmo mais cheia de glória do que eles jamais haviam visto. Seu rosto brilhava, e suas roupas ficaram brancas como a luz. Por meio de seu amigo Jesus, os discípulos tiveram um vislumbre especial da glória de Deus que ninguém mais tinha testemunhado antes. Mas havia mais! Eles não apenas viram Jesus em todo o seu esplendor sagrado, mas Elias e Moisés também estavam lá diante deles. Dois santos que estavam mortos havia centenas de anos, verdadeiros heróis para os discípulos, apareceram diante de seus olhos.

Você consegue imaginar agora como reagiria se visse Jesus em toda a sua glória, ao lado de dois heróis da fé que tinham falecido havia muito tempo? Você se prostraria em adoração? Pegaria uma câmera para registrar o acontecido? Ou começaria a fazer perguntas? Pedro teve outra ideia:

> *Então Pedro disse a Jesus: "Senhor, é bom estarmos aqui. Se quiseres, farei três tendas: uma para ti, uma para Moisés e outra para Elias".*
>
> *Enquanto ele ainda estava falando, uma nuvem resplandecente os envolveu, e dela saiu uma voz, que dizia: "Este é o meu Filho amado de quem me agrado. Ouçam-no!"*
>
> *Ouvindo isso, os discípulos prostraram-se com o rosto em terra e ficaram aterrorizados. Mas Jesus se aproximou, tocou neles e disse: "Levantem-se! Não tenham medo!" E erguendo eles os olhos, não viram mais ninguém a não ser Jesus (Mateus 17:4-8).*

Logo voltaremos à sugestão de Pedro sobre construir tendas. Essa é uma cena misteriosa, com certeza, mas existem pelo menos três razões pelas quais sou grata por podermos ler a respeito:

1. Sou grata por sermos lembradas, pela aparição de Elias e Moisés, da voz audível de Deus Pai e da glória do Espírito Santo, de que o nosso Deus não está separado do Deus dos israelitas. A Trindade sempre foi uma só, desde o início, Jesus não estava ausente no Antigo Testamento (embora apenas tenha sido plenamente revelado no Novo Testamento), e o nosso Deus é o mesmo Deus adorado por esses heróis da fé.

2. Sou grata por Jesus ter levado os discípulos para acompanhá-lo no meio de toda aquela confusão e por ter *mostrado* à alma deles aquilo que o cérebro não conseguia compreender plenamente. Sou grata por Deus conhecer as nossas limitações e se adaptar a elas. Quando a nossa fé falha e precisamos experimentar algo com os nossos próprios olhos, ele provê. Não tenho dúvidas de que os discípulos se lembraram dessa experiência pelo resto da vida.

3. Por fim, sou grata por esta única frase de nosso Pai através da nuvem acima deles: "Este é o meu Filho amado de quem me agrado. Ouçam-no!" (cf. v. 5)

Você notou como, imediatamente antes desse momento, Pedro está preocupado com o que ele poderia fazer por Deus em meio àquilo que lhe era mostrado como um imenso e incrível *porquê*? Temos Jesus, cheio de glória e esplendor, conversando com Moisés e Elias. E, em vez de se prostrar para adorar — o *porquê* supremo —, Pedro está tentando montar um acampamento. Pedro é tentado a fazer algo, quando ele simplesmente poderia se colocar em reverência a *Alguém*. Ele simplesmente deixou de lado o *porquê* de tudo aquilo importar para descobrir *o que* fazer, talvez porque buscar o que fazer seja muito frequentemente o nosso modo padrão de agir. Mas Jesus não queria que Pedro *fizesse* coisa alguma; simplesmente queria que ele testemunhasse e adorasse.

Li esse trecho algumas semanas depois de começar a escrever este livro, algumas semanas depois de pedir a Deus que curasse o meu *porquê* para encarar o meu corpo como algo bom, quando percebi que passei a maior parte da minha vida

Restaurando o seu corpo a seu propósito original

adulta sendo como Pedro: *fazendo* coisas quando Deus está me convidando a simplesmente *estar* com ele em adoração.

Fui colocada neste corpo físico miraculosamente bem-feito, criado por aquele que esculpiu as montanhas, os mares, as nuvens e tudo o que há neles. Cada detalhe do meu corpo foi moldado com intenção e propósito, e depois sustentado por sua mão em meio a um mundo decaído e falido. Em Lucas 12, o próprio Jesus diz que ele conhece exatamente o número de fios de cabelo na minha cabeça. Além disso, o poder que ressuscitou Jesus dos mortos foi colocado dentro de mim para que eu possa realizar a vontade de Deus aqui na terra. A minha alma foi tirada das trevas para a luz, comprada com o sangue de Cristo para que eu possa viver para sempre e contar ao máximo possível de pessoas sobre ele no meu caminho rumo à eternidade.

Isso não é motivo suficiente para adorar?

Eu acordo todas as manhãs e vejo que a terra ainda não se desvaneceu. O sol nasceu, o dia chegou, apesar dos efeitos da morte e da destruição ao nosso redor. Eu posso mover o meu corpo, amar, servir, ver a mão e a esperança de Deus. Posso usar as minhas mãos, os meus pés e a minha boca para fazer a obra dele.

Além de tudo isso, eu continuo crescendo. Sou capaz de perceber a convicção e a minha necessidade de arrependimento, e a minha alma nunca está estagnada, mas se move conforme Deus me guia. Os meus relacionamentos mudam e se tornam mais completos. A minha missão de vida flui e flutua; encontro paixão, descanso e propósito e todas as coisas boas que Deus realiza quando atuo em obediência. Vejo orações respondidas; e vejo corações mudados quando elas não são respondidas da maneira que esperamos. Vejo outras pessoas mudarem. Vejo mudanças na cultura. Respiro — inspirando e expirando, repetidamente — enquanto comungo com Deus e anseio pelo céu.

Estou vivendo em um milagre. Não é o monte da Transfiguração, mas, ainda assim, é incrível. Eu vivo no mundo, mas também vivo no Reino, e o meu bom corpo me conduz por tudo isso. E, mesmo assim, como Pedro, olho para minhas circunstâncias físicas e fico obcecada em buscar um abrigo. Fico presa no meu corpo físico, mesmo com toda a abundância de Deus disponível para mim. Quando faço isso, perco a oportunidade de ver e ouvir Jesus. Perco a oportunidade de adoração que está bem aos meus pés. Perco o memorando vindo diretamente da boca de Deus: *"Este é o meu Filho amado de quem me agrado. Ouçam-no!"*

Ouça quando Deus diz que o seu corpo é bom.

Ouça quando Deus diz que você está destinada à restauração.

Ouça quando Deus diz que o abrigo não é o evento principal aqui — muito pelo contrário — e quando ele nos convida a contemplar a glória de Jesus em vez de nos manter presas ao nosso corpo terreno.

Quando pensamos no nosso corpo, frequentemente pensamos em *como* podemos melhorá-lo. Por trás desse empenho, provavelmente há uma infinidade de motivos que devem ser observados. O *porquê* de querermos melhorar o nosso corpo ou, pelo menos, aprender a vê-lo sob a perspectiva de Deus nem sempre é algo simples e direto. Muitas de nós temos acreditado em mentiras sobre o nosso corpo, as quais nos contaminam e contaminam as nossas intenções com negatividade.

Eu estou propondo um novo *porquê* para impulsionar os nossos esforços enquanto buscamos a restauração do nosso corpo. Estou oferecendo um novo *porquê* para a restauração, que é muito mais sustentável e motivador do que qualquer *porquê* voltado para o aperfeiçoamento pessoal propriamente dito.

Existem inúmeros *porquês* possíveis por trás do desejo de saúde, beleza e melhoria para o nosso corpo. Mas, e se recalibrássemos todos esses motivos para afirmar o *porquê* final — libertar-nos da vergonha e experimentar a abundância de Deus no nosso corpo? E se o nosso *porquê* se tornasse menos sobre agradar às pessoas, sobre atender às expectativas culturais, até mesmo sobre superar os nossos próprios limites pessoais no que diz respeito à saúde e ao bem-estar, e mais sobre dizer sim e amém ao crescimento que Deus deseja para nós? E se a nossa missão principal, o nosso *porquê* mais profundo, não fosse mais tentar provar a nós mesmas, mas sim ver o que Deus é capaz de fazer e dar-lhe glória?

Eu acredito que o caminho que todas nós estamos percorrendo, o caminho para amar o nosso corpo da maneira que Deus deseja que amemos, é um monte da Transfiguração individual para cada uma de nós. Eu acredito que esse esforço de funcionar com uma mentalidade corporal do Reino é uma oportunidade de ver Jesus de uma maneira que mudará a nossa vida para sempre. Percebo que Deus quer nos mostrar partes e aspectos de si mesmo que nunca vimos antes. Percebo que Deus quer nos mostrar partes e aspectos dele *em nós* que jamais percebemos antes. Não fiquemos diante dele em toda a sua glória perguntando se devemos consertar a nossa tenda em vez de ouvi-lo. Prestemos atenção nas nossas motivações e coloquemos as nossas intenções nessa única coisa, no propósito divino, à medida que crescemos na forma como vemos o nosso corpo, experimentando o amor, a liberdade e a bondade de Deus enquanto crescemos. Amém?

Sabemos que, se for destruída a temporária habitação terrena em que vivemos, temos da parte de Deus um edifício, uma casa eterna nos céus, não construída por mãos humanas. Enquanto isso, gememos, desejando ser revestidos da nossa habitação celestial, porque, estando vestidos, não seremos encontrados nus. Pois, enquanto estamos nesta casa, gememos e nos angustiamos, porque não queremos ser despidos, mas revestidos da nossa habitação celestial, para que aquilo que é mortal seja absorvido pela vida. Foi Deus que nos preparou para esse propósito, dando-nos o Espírito como garantia do que está por vir (2Coríntios 5:1-5).

E se, toda vez que você desejar que o seu corpo seja melhor, que seja diferente, você pedir para Jesus ajudá-la a enxergar a realidade espiritual e a restaurar a maneira como se vê? E se, toda vez que uma memória de vergonha ou uma grande decepção surgir, você pedir a Deus uma perspectiva voltada para o Reino? E se você declarar guerra ao inimigo da sua alma, que quer que você pense que o seu corpo é um troféu, um indicador da sua retidão ou um projeto a ser concluído? E se decidir, em vez disso, que o seu corpo é um lugar para ver a bondade e a glória de Deus restauradas e manifestadas?

E se, mesmo nos dias em que sentir mais vergonha, dor ou frustração com o seu corpo, você deixar que esses momentos se tornem oportunidades para permitir que Deus a console e se conecte com você? E se os melhores dias no seu corpo forem momentos para entregar a Deus louvor e agradecimento? E se você descobrisse que tem um parceiro na sua jornada de reconhecer como o seu corpo é algo realmente bom, e esse parceiro for Jesus?

Restaurando o seu corpo a seu propósito original

FINALMENTE, AGORA, O *COMO*

O nosso *porquê* para realmente crescermos na perspectiva do nosso corpo é experimentar a Deus. Estamos nesta jornada para ver mais dele. Rompemos os laços com o acordo de que o nosso corpo é um projeto ou que está sujeito à avaliação do mundo. Não vamos crescer porque queremos ser melhores, mais amadas ou mais santas. Estamos aqui porque Deus está aqui, e queremos experimentá-lo o máximo possível. Esse é o nosso *porquê*. Agora, vamos falar sobre *como* podemos crescer.

Levante a mão se você pensou que, talvez, em algum lugar deste livro, haveria uma lista curta, um plano ou, pelo menos, algumas etapas de ação para ajudar você a cuidar melhor do seu corpo. Deixe a vergonha de lado. Ninguém poderá vê-la levantando a mão. Você está segura.

A má notícia é que eu não tenho nada disso para você aqui. A boa notícia é que o seu corpo *já* é algo bom — e ponto final.

O seu corpo vive no Reino, e reconhecer isso liberta você da escravidão deste mundo, enquanto a chama para a existência de um algo eterno. O seu corpo foi nomeado por Deus e pode ser renomeado como bom por você, mesmo após anos ou décadas de difamação por aquelas pessoas que só queriam lhe fazer mal. O seu corpo pode descansar; você pode respirar fundo e parar de participar de ciclos de melhorias, ajustes e fustigações em relação ao seu corpo. Mas, para experimentar a restauração — para se unir a Deus em seguir em frente, para começar a tratar o seu corpo como algo bom —, você não precisa de uma lista ou de um plano. Pelo menos, eu não acredito que essas sejam as coisas mais importantes para realmente ajudá-la a chegar lá.

Você precisa de adoração. O *porquê* e o *como* estão intimamente ligados — e isso fará todo o sentido quando você reconhecer essa relação.

O *porquê* por trás deste trabalho de imagem corporal é experimentar mais de Deus; então, naturalmente, o *como* é adorá-lo. O nosso antigo *porquê* pode ter sido melhorar ou conquistar a aprovação das outras pessoas, e, assim, o nosso *como* era fustigar o nosso corpo e transformá-lo em um projeto. Contudo, quando o objetivo é experimentar a Deus, as etapas de ação nos conduzem à sua presença para receber aquilo de que precisamos. Isso é simples *e* revigorante. Vamos nos lembrar do poder da adoração:

> *Portanto, irmãos, rogo pelas misericórdias de Deus que se ofereçam em sacrifício vivo, santo e agradável a Deus; este é o culto racional de vocês. Não se amoldem ao padrão deste mundo, mas transformem-se pela renovação da sua mente, para que sejam capazes de experimentar e comprovar a boa, agradável e perfeita vontade de Deus (Romanos 12:1-2).*

A adoração é a cura de que o nosso corpo precisa. Quando estamos maravilhados com a glória de Deus, começamos a ver tudo mais na sua devida luz. Mas como isso se manifesta na prática? Para avançarmos com clareza e convicção, vamos definir o que queremos dizer por adoração.

Adoração é qualquer ato que nos permita ficar mais maravilhadas com Deus, mais conscientes de Deus, ou que crie um espaço para darmos a ele o devido louvor. Eu acredito que a nossa alimentação pode ser adoração. Acredito que o nosso exercício físico pode ser adoração. Acredito que o nosso descanso pode ser adoração. Acredito que o nosso trabalho pode ser adoração. Entretanto, também acredito que todas essas

Restaurando o seu corpo a seu propósito original

coisas podem facilmente não ser adoração. Depende de nós mudarmos o nosso coração e a nossa mente.

Vamos desenvolver isso mais adiante, nos capítulos finais do livro, mas, por enquanto, vamos nos aprofundar novamente no trecho de Romanos para comparar a nossa realidade atual com o padrão divino da adoração.

1. *Comece com a perspectiva da misericórdia de Deus.* Para que qualquer mudança e progresso duradouros sejam alcançados na minha e na sua vida, o caráter de Deus deve ser o catalisador. Se persistirmos em *conquistar* o amor de Deus ou o nosso lugar no Reino, isso não funcionará. Se persistirmos em agradar ao mundo, isso não funcionará também. Ou talvez até "funcione" aparentemente, mas ficaremos exaustas de tanto nos esforçarmos, em vez de nos sentirmos conectadas por permanecer nele. No entanto, quando começamos com a misericórdia, o amor e a graça de Deus como a nossa primeira e principal motivação, somos compelidas a buscar mais conhecimento a respeito dele. Somos lembradas do quanto precisamos dele, a fim de que não avancemos rapidamente demais e acabemos perdendo o fôlego. Se você está procurando algum tipo de plano, a misericórdia de Deus — a verdade sobre a compaixão e o cuidado que ele tem por você — é um lugar incrível para começar.

2. *Entregue o seu corpo a Deus.* Aqui é onde avaliamos as nossas motivações, onde experimentamos a restauração das nossas intenções. Estamos buscando renovação ou crescimento porque queremos nos oferecer ao mundo e ser consideradas adequadas? Estamos preocupadas com o nosso corpo para ser reconhecidas como bonitas?

Estamos tentando fazer isso à parte da graça, da presença e do poder de Deus? Achamos que podemos enganá-lo ou ser mais espertas que ele? Estamos nos escondendo dele? Ou estamos reconhecendo que ele é o nosso Rei, que o nosso corpo é sua boa criação e que trilhamos com ele este caminho de restauração?

3. *Este é o verdadeiro e adequado culto a Deus.* Já passou pela sua mente a ideia de que você poderia adorar a Deus enquanto luta contra essa questão no seu coração? Você já parou no meio de uma situação em que está experimentando frustração e dor intensas em relação ao seu corpo, e procurou a face de Deus para encontrar a sua alma? Como eu disse, acredito que a jornada que estamos trilhando com o nosso corpo pode ser o nosso monte da Transfiguração supremo — o lugar onde abrimos os olhos e vemos a glória de Deus revelada em meio à nossa natureza caída. Acredito que, quando olhamos para Deus maravilhadas, quando vivemos a nossa vida com o propósito de agradá-lo e louvá-lo, não apenas o nosso coração se transforma, mas também a maneira como percebemos o mundo se modifica.

4. *Não se conforme com o padrão deste mundo.* Essa pode ser uma das partes mais essenciais do "plano", se podemos chamar a adoração de um plano. Para realmente honrar e exaltar o Rei dos Reis, muitas vezes precisamos abandonar as armadilhas da cultura humana à qual estivemos ligadas no passado, deixando para trás até mesmo as coisas que nos fizeram sentir seguras, protegidas e como se estivéssemos fazendo a coisa certa.

Vou lhe dar um pequeno exemplo que é verdadeiro e real para mim. Ao escrever este livro, ao buscar funcionar plenamente com base em uma mentalidade corporal do Reino, Deus me pediu para parar de me pesar diariamente. Esse era um hábito, um ritmo, uma parte do "plano" que havia "funcionado" para mim durante toda a minha vida. E, no entanto, ao adorar a Deus e entregar o meu corpo a ele, buscando dele a restauração, percebo que me pesar diariamente era um padrão do mundo que me distraía de louvá-lo e de ouvi-lo em relação ao meu corpo. Vou me pesar novamente algum dia? Imagino que sim. Tenho outros padrões dos quais preciso me libertar? Com certeza. Surgirão novos padrões que precisarei abandonar no futuro? Eu apostaria que sim. Essa transformação é um processo contínuo.

5. *Seja transformada pela renovação da sua mente.* Deixe-me perguntar: você está aberta para que Deus transforme a sua mente? Deus tem permissão para transformar a sua mente não apenas uma vez, mas em um processo contínuo para ajudá-la a ver a si mesma e ao mundo do jeito que ele vê? Você quer pensar em si mesma e nos outros da maneira que Deus pensa? Você está disposta a trabalhar nisso — capturando as ideias que sustentou, apresentando-as à verdade de Deus e mudando-as para que a sua vida possa ser constantemente renovada?

Deus tem permissão para transformar a sua mente com respeito à questão de o seu corpo ser bom ou não? Deus tem permissão para transformar a sua mente sobre qual é a aparência de um corpo "bom"? Deus tem permissão para transformar a sua mente com relação a como é amar e cuidar ativamente do seu corpo, que é algo realmente bom? Se ele não tem permissão para transformar a nossa mente, eu diria que a nossa conexão com ele não é adoração. E, se não é adoração, nós não podemos experimentar a verdadeira restauração.

6. *Então, você verá qual é a vontade perfeita de Deus para a sua vida.* Você poderá ver o plano específico dele para a sua vida. A adoração é um caminho adiante no que diz respeito a amar o nosso corpo, e ela está ao nosso alcance. É algo possível para todas nós que estamos em Cristo Jesus. Eu até diria que não é difícil, porque comungar com Deus é exatamente aquilo que fomos feitas para fazer. Todavia, embora isso não seja difícil, também não é simples. A adoração não é uma situação única, e também não é algo elementar. Sermos motivadas pela graça e misericórdia divina e submetermos essa área da nossa vida (o nosso corpo) a Deus por reverência a ele não é algo simples. Ficarmos mais maravilhadas com Deus do que frustradas conosco mesmas, abandonarmos a cultura e permitirmos que ele transforme a nossa mente não é algo simples. Exige força sobrenatural. Também pode ser um processo para toda a nossa vida.

Mas qual é realmente a nossa escolha? Os vários caminhos que a cultura nos oferece podem, à primeira vista, parecer úteis — pelo menos para alcançar os nossos objetivos físicos —, mas eles não nos curam. Mesmo quando o nosso corpo está mudando, o nosso coração clama por liberdade e esperança. Como filhas de Deus, cuja alma foi feita para cantar seu louvor, por que não tentar a adoração como o caminho a trilhar? É para isso que fomos feitas.

Não sou ingênua a ponto de pensar que dizer para você adorar resolverá todos os seus problemas. O meu corpo, que eu acredito firmemente ser algo bom, é complicado. Ao longo dos anos, aprendi que amá-lo e cuidar dele não é simples. Ele precisa descansar, precisa de certos alimentos, precisa se movimentar, precisa de cura para os danos que causei a ele ao longo dos anos e precisa do ambiente ao meu redor. O meu corpo precisa do apoio da minha mente, da minha alma e do meu entorno.

Ao caminhar com Deus, adorando na minha trajetória, descobri que ele é um Deus generoso, gentil e gracioso. Mesmo que as pessoas compassivas da minha vida (até mesmo as mais amorosas) percam o interesse ou a capacidade de se importar com o que está acontecendo com o meu corpo, Deus não perde. Ele continua me ouvindo e me dando discernimento. Não importa qual seja o assunto, o Espírito Santo é um comunicador, um professor e um treinador melhor do que qualquer ser humano poderia ser.

Quando vivemos em adoração, nós amamos o que Deus ama e começamos a enxergar tudo do jeito que ele vê, *inclusive o nosso corpo*. A adoração nos ensina a amar e a cuidar do nosso corpo como Deus faz, a experienciá-lo com gratidão, paciência e bondade, trocando a nossa perspectiva mundana pela perspectiva do Reino. Imagine um momento em que você tenha se dirigido a uma reunião de adoração com o coração ou a mente perturbados e teve a sua posição mudada para melhor. Se estivermos dispostas a aceitar o convite, Deus mudará o nosso coração, transformando a forma como nos sentimos em relação ao nosso corpo enquanto o usamos e cuidamos dele.

Talvez você esteja desesperada por um *como*. Talvez você precise de um plano de ação imediato para amar mais o seu corpo, para tratá-lo com gentileza e esperança, para deixar de causar danos a ele e para receber a cura. Muitas de nós precisamos de guias humanos no caminho — médicos, terapeutas, nutricionistas, treinadores. Eu já recebi ajuda de todos esses especialistas e sou grata por isso. Só espero que, à medida que avançamos, nós também adoremos. Oro para que mantenhamos o Rei como o foco da nossa liberdade. Oro para que ele receba um convite íntimo para ver o nosso progresso, para guiar o nosso caminho. Oro para que, à medida que crescemos no amor ao nosso corpo físico, possamos adorar a Deus.

Acredito que muitas de nós possamos chegar a essa tarefa desejando ser alguém melhor, ser uma pessoa nova, superar ou nos livrar da nossa realidade atual. Mas a restauração que experimentamos quando adoramos é aquela da qual a nossa alma e a nossa comunidade mais precisam.

PERGUNTAS

Você já pensou em *por que* deseja cura
ou restauração para o seu corpo?

•

Por que você quer crescer?

•

E se viver no seu corpo fosse menos sobre como
você poderia melhorá-lo e mais sobre ver a Deus?

•

Quando você se alimenta, quando se movimenta,
quando passa tempo cuidando do seu corpo, você
está mais maravilhada com Deus? Você está consciente dele de alguma forma?

•

Como seria hoje um ato de adoração usando o
seu corpo, além do típico cantar e dançar?

Restaurando o seu corpo a seu propósito original

PALAVRAS DAS NOSSAS AMIGAS

Sarah: *Há alguns anos, a minha igreja distribuiu pequenos cactos e plantas suculentas no lugar de flores no Dia das Mães. Peguei um pequeno cacto para levar para casa, mas, devido ao meu histórico anterior com plantas, eu esperava que ele morresse em poucas semanas. No entanto, aparentemente, sou uma ótima mãe de cactos. Eu o reguei com moderação e o vi crescer, e por fim o transferi para um vaso maior e acabei vendo-o crescer ainda mais. Já se passaram dois anos desde que replantei esse cacto e, no início deste ano, ele floresceu, produzindo uma enorme e linda flor amarela.*

Ao mesmo tempo que adotei o cacto, comecei um trabalho sério de aconselhamento sobre o meu histórico de problemas com a imagem do meu corpo e a alimentação desordenada. Parecia que Deus estava me dizendo: "O crescimento leva tempo. Continue se esforçando. Você também florescerá." Às vezes, eu somente preciso de uma imagem visual para me lembrar de que estou crescendo mesmo quando não sinto que Deus está cuidando do jardim. Eu precisava me lembrar de que é porque Deus nos ama que ele investe tanto trabalho e tempo para nos ajudar a crescer, mesmo quando não enxergamos isso.

8.

O SEU CORPO NÃO É O INDICADOR DE UMA VIDA CORRETA

gora vamos tomar um café com leite e conversar.

Se eu pudesse, seguraria o seu braço hoje e sairíamos para dar uma caminhada até a cafeteria, porque tenho algo para lhe contar.

Escrevo isto em um sábado. Levanto-me cedo e escrevo, depois, em família, passamos algum tempo na igreja preparando tudo para o domingo, fazemos tarefas domésticas e, ao terminar, descansamos juntos. Contudo, às vezes, enquanto as crianças estão realizando as tarefas, consigo escapar para tomar um café.

Se você estivesse comigo, eu sugeriria que nos encontrássemos no café, que fica a apenas um quarteirão da minha casa e tem uma bela decoração interna em tons de rosa desbotado, azul-claro e bege. Eu pediria um café com leite de aveia gelado. Sou uma pessoa que ama estritamente café preto, exceto nas tardes de sábado, principalmente se o dia começa meio estranho.

Então pegaríamos uma mesa no canto e, enquanto você soprasse o café para esfriar, eu lhe contaria a história a seguir.

Eu deveria saber que abrir o Instagram antes de começar a escrever não é uma boa ideia. Sinto que deveria saber que

O seu corpo não é o indicador de uma vida correta

não devo abrir o Instagram a menos que Deus tenha me sugerido verificar alguma coisa ou usar a internet para encorajar alguém. Mas hoje quebrei as minhas próprias regras e deixei o celular bem ao lado da minha cama. Rolei para pegá-lo antes de me levantar e vi que alguém me marcou de forma agressiva (ou passivo-agressiva) em mais de uma dúzia de *posts*. Estava claro que essa pessoa queria que eu visse algo.

Eram anúncios de botox, acredite. Durante a noite, alguém me marcou nos comentários de dezenas de anúncios de botox no Instagram. Cliquei no nome de usuário da pessoa que fez as marcações. Não era um valentão aleatório da internet. Não, era uma mulher da minha cidade. Eu não a sigo, mas ela é amiga de várias amigas minhas. Essa pessoa, que vive na minha cidade e conhece as minhas amigas, tomou para si a tarefa de me marcar em vários anúncios de botox das 23 às 6 horas da manhã, presumivelmente para (a) me informar de que eu preciso de botox; e (b) me informar onde posso consegui-lo.

Não é a primeira vez que isso acontece. Por alguma razão, as pessoas no Instagram frequentemente sugerem que eu aplique botox. Eu tenho um rosto expressivo e, quando falo nos *stories* do Instagram, as minhas pequenas rugas são tudo o que você consegue ver. Mas faz alguns meses desde a última vez que isso aconteceu, e nunca havia sido alguém que é amiga das minhas amigas.

Neste momento do nosso encontro para tomar café à tarde, se eu chorar ou não vai depender muito da sua reação. Se você estiver rindo, eu vou rir. Se você estiver sentada em silêncio e me olhando com choque e tristeza, talvez eu comece a lacrimejar. Se você agir como se não fosse grande coisa e disser algo como: "Ótimo! Conte-me onde conseguir isso. Eu estava mesmo pensando em dizer que você deveria aplicar algumas unidades na testa!", eu posso simplesmente ir embora.

Porque você e eu já estamos muito avançadas nesta jornada de afirmar que o nosso corpo é algo realmente bom para implantar esse tipo de ideia louca uma na outra, ok?

A questão não é o botox. Não sou contra o botox e, se você aplicou, parabéns para você. Eu estava decidida a fazer alguns anos atrás, já tinha até o dinheiro em mãos e havia escolhido o médico. Então, a minha irmã mais velha gentilmente me pediu para manter intactas as minhas rugas na testa porque, segundo ela, o meu rosto é "muito expressivo" e ela não queria que isso mudasse. Ela citou o exemplo de como o rosto da Julia Roberts é expressivo e como a atriz declara publicamente que não tem botox. Bem, o que eu quero dizer é: a minha questão não é com o botox.

A minha questão também não é com testas impecáveis que pululam em todo o hemisfério ocidental, mas sim com a expectativa de que as mulheres que correspondem a determinados padrões de beleza sejam inerentemente melhores do que as mulheres que não correspondem.

O QUE EU GOSTARIA QUE TIVESSEM DITO

Eu tinha trinta anos quando me sentei em um pequeno círculo com outras duas mulheres que eram cerca de sete anos mais velhas do que eu. Eu as admirava mais do que poderia expressar, porém estava tentando não levar em conta esses sentimentos naquele momento. Estava tentando ser legal, "agir como se já estivesse lá", como meu marido diria. Ambas as mulheres tinham alcançado um nível em suas carreiras que eu esperava alcançar um dia. Ambas lideravam grandes equipes e ensinavam por todo o país. Essas duas heroínas eram para mim mulheres em missão, usando tudo o que tinham para o bem dos outros e para a glória de Deus.

O seu corpo não é o indicador de uma vida correta

Em determinado momento da conversa, uma conversa em que eu estava intencionalmente à margem (*Seja legal, Connolly — não seja muito entusiasmada e não faça 304 perguntas*), o assunto passou a girar em torno do botox. Elas começaram a discutir onde faziam as aplicações e quantas unidades usavam, e eu apenas fiquei ali sentada no meio delas, com olhos arregalados e calada. Por mais que eu consiga me lembrar do que senti emocionalmente naquele momento, acho que não foi julgamento ou decepção em relação a elas — apenas uma tremenda confusão sobre o que estavam dizendo. Mas talvez o meu silêncio tenha parecido algo diferente para aquelas mulheres, porque uma delas se virou para mim e disse: "Você não entende... Logo também vai precisar! Espere só! É um gasto necessário, com certeza."

Alguns anos depois, tive o meu próximo encontro com a palavra começada com "B". Uma amiga minha havia sido convidada para gravar os anúncios que a igreja passava antes e depois dos cultos. Depois de sua primeira gravação, um dos diáconos ligou para verificar como ela estava e, além de elogiá-la pelo bom trabalho, passou o número de uma dermatologista local que poderia ajudá-la com algumas aplicações de botox. Ele havia sido designado para comunicar a ela que, "Com estas telas de alta definição, seria realmente um bom investimento! Isso só ajudaria em suas habilidades de comunicação caso surjam outras oportunidades."

Agora, antes de tudo, eu gostaria de lembrar que Satanás é o nosso inimigo, e eu gostaria de ter uma conversa com o inimigo da nossa alma agora. *Satanás, você pode manter-se longe da nossa testa? Sério, agora mesmo. Volte para o inferno. Você já veio atrás do nosso quadril e dos nossos seios. Veio atrás dos nossos dentes e da nossa barriga, e o Senhor sabe que você tentou vir atrás dos nossos cabelos. Mas da nossa testa?*

Você tem mulheres cortando franjas e gastando dinheiro nas poucas polegadas de pele entre os olhos e a linha do cabelo, e tudo isso está se tornando uma verdadeira loucura. Em nome de Jesus, por favor, vá para outro lugar e se afaste da nossa testa.

Agora, aqui está o que quero dizer a você:

Nos últimos anos, transformei ser mentora e defensora das pessoas no trabalho da minha vida, no meu ofício. Não gosto de repreendê-las ou corrigi-las. Em vez disso, aprecio a alegria de chamar as pessoas de Deus e lembrá-las de quem ele as fez ser. Entretanto, às vezes, é preciso chamar uma mentira pelo que ela é, e essa também pode ser uma forma de chamar as filhas de Deus para serem quem elas foram projetadas para ser.

Olhando para trás, eu gostaria de que, enquanto estivesse sentada naquele pequeno círculo de líderes que eu tanto admirava, elas tivessem se virado para mim e dito palavras que afastariam a vergonha de mim (e delas mesmas!), em vez de ter dito palavras que traziam vergonha sobre mim e sobre as minhas inevitáveis rugas futuras. Eu gostaria que elas tivessem dito palavras de verdade sobre como Deus capacita aqueles e aquelas a quem ele chama, e gostaria que tivessem dito algo sobre como a qualificação para o ministério é ter um coração que agrada a Deus, não um rosto que se encaixa nos padrões de beleza mundanos. Eu gostaria que nós três tivéssemos nos unido em um momento sensível de vitória, declarando guerra contra as expectativas culturais que estavam se infiltrando na nossa igreja e no nosso entendimento do Reino. Eu gostaria que aquele momento tivesse sido assim, em vez de eu ter ficado em silêncio, como se nem estivesse ligando para o assunto, e deixado que aquela mentira tivesse a última palavra.

Eu também gostaria que, quando aquele diácono ligou para a minha amiga alguns anos atrás, ele tivesse agradecido a ela por ser corajosa diante de dezenas de milhares de pessoas.

O seu corpo não é o indicador de uma vida correta

Eu gostaria que eles procurassem mulheres mais velhas para falar à congregação, independentemente da aparência envelhecida delas. Às vezes, eu gostaria que os homens estivessem liderando esta conversa com arrependimento, porque eles têm sido cúmplices no movimento cultural de impor às mulheres a mentira de que elas precisam atender a certos padrões de beleza a fim de causar impacto para o Senhor.

Eu gostaria que todos esses momentos tivessem sido diferentes, assim como os outros milhões de momentos que vivenciamos — momentos em que haveria a possibilidade de investidura, delegação e consagração, mas, no lugar disso, houve condenação, vergonha e embaraço. Penso nos milhões de momentos privados em que uma mulher teve a noção do que a obediência no ministério, na missão ou na vida poderia ser para ela, mas foi paralisada porque seu corpo, ou a percepção que os outros têm de seu corpo, faz que ela se sinta desqualificada.

DEUS FALA DESTA MANEIRA?

Conheci muitas, muitas mulheres que se sentem desqualificadas para ingressar nas boas coisas que Deus tem reservado para elas simplesmente por causa de seu corpo. Conheci muitas, muitas mulheres que sentem que não podem pedir a Deus pelas coisas que desejam porque acreditam que o corpo delas as desqualifica para isso. Uma nova temporada, um novo relacionamento, um novo dom espiritual, a sensação de liberdade, filhos, uma promoção e até mesmo uma amizade — essas são algumas coisas às quais acreditamos não ter direito até que o nosso corpo esteja pelo menos um pouco próximo do padrão cultural.

Quero reconhecer que esses são o que chamo de "pensamentos latentes". Talvez algumas de nós não os digamos em voz alta;

eles podem ser simplesmente suposições não reconhecidas com as quais convivemos. Outras de nós podemos ter realmente dito essas coisas em voz alta ou concordado com essas mentiras. Podemos ter ouvido essas falsidades desde a mais tenra idade, o que torna ainda mais difícil nos libertarmos delas.

No entanto, antes de avançarmos, porque confio em você — e no Espírito Santo em você — tão profundamente, quero fazer uma pausa e convidá-la a responder à seguinte pergunta:

Uma vez que dizemos essas coisas em voz alta, à luz de tudo o que discutimos sobre ter uma visão do nosso corpo orientada para o Reino, *estas declarações condicionais sobre os chamados na nossa vida soam como algo que Deus endossaria?*

Vamos balançar a cabeça por um momento, sacudindo as restrições culturais e até mesmo as mentiras que nos foram contadas, e perguntar: *Deus fala desta maneira?*

O Deus a quem conhecemos e amamos, o Deus que nos criou e nos sustenta, diria algo como:

> *Você não pode entrar na próxima fase da vida até que o seu corpo se ajuste às expectativas da cultura.*

> *Você não pode ter acesso ao dom espiritual que lhe dei até que tenha uma aparência melhor.*

> *Você não pode ter os filhos, a família ou o relacionamento que planejei para você até que coloque o seu corpo nos trilhos.*

O meu voto é não. Eu odeio até mesmo escrever essas frases, porque acredito que elas estão erradas e muito distantes do coração de Deus. E, ainda assim, não consigo dizer quantas vezes ouvi alguém falar por Deus, aplicando essas falsidades a ele e como se viessem dele.

O seu corpo não é o indicador de uma vida correta

Com frequência, em um momento de discipulado, quando estou me encontrando com uma mulher da igreja ou alguém que estou liderando, encorajo essa pessoa a responder fisicamente com a verdade na qual ela acredita. Algo sobre colocar as nossas crenças em movimento nos ajuda a lembrar que elas são verdadeiras. Por exemplo, quando uma mulher se depara com a mentira de que seu corpo a desqualifica da abundância de Deus, eu a encorajo a balançar a cabeça em um movimento ativo, definitivo, para responder que não. Às vezes, são necessárias algumas tentativas. Em alguns momentos, a nossa compreensão equivocada do evangelho está tão enraizada que precisamos reaprender sua Palavra para perceber que Deus nunca esperou, nunca exigiu e nunca pediu perfeição de nós. Pelo contrário, ele antecipou a nossa enorme necessidade de graça e misericórdia e providenciou um resgate por meio de Jesus.

Portanto, agora já não há condenação para os que estão em Cristo Jesus (Romanos 8:1).

Se o próprio Deus declarou como encerrada a guerra da condenação contra a nossa alma, por que continuamos atribuindo essa mensagem condenatória e condicional a ele?

Vamos analisar mais de perto o melhor trecho das Escrituras a respeito da imagem que Deus tem do nosso corpo em comparação com a imagem que o mundo tem.

OLHE PARA ISTO, NÃO PARA AQUILO

O povo de Deus, os israelitas, passou por tudo. Deus os estabeleceu a partir de Jacó, renomeado Israel — o homem que lutou com Deus. Jacó teve doze filhos, e cada um deles se tornou o ancestral de sua própria tribo. A família de Jacó cresceu no Egito até se tornar tão grande que o povo passou a representar uma ameaça ao faraó, e, a partir daí, muitos conflitos surgiram. Deus designou Moisés para liderar o povo a fim de que escapassem da escravidão rumo à terra prometida a seu ancestral, Abraão. Esse êxodo se tornou uma jornada de quarenta anos no deserto. Moisés morreu, e seu sucessor, Josué, os liderou através do rio Jordão e rumo à terra prometida. Por vários séculos, o povo viveu sob o domínio de seus sacerdotes e juízes.

Os israelitas eram constantemente ameaçados, apesar de serem o povo escolhido de Deus. As nações ao seu redor eram intimidadoras e belicosas, e seu próprio comportamento pecaminoso os tornava vulneráveis.

Samuel, um profeta e sacerdote muito respeitado, surge nessa época, mas, antes de recordarmos o que ele fez, é importante nos lembrarmos de um fato importante sobre Samuel: *ele ouvia a Deus.*

A mãe de Samuel, Ana, ansiava por um filho. Ela fez o voto de que, se Deus lhe desse um filho, ela o entregaria de volta para o serviço a Deus. Depois que Samuel foi desmamado, ele foi enviado ao templo para aprender a servir a Deus e a seu povo. Samuel cresceu no templo durante uma época em que os líderes de Israel deixaram de honrar o Senhor, usando sua posição de liderança para benefício próprio. No entanto, Samuel ouvia continuamente a Deus.

Ele ouviu quando era apenas um menino e a voz audível de Deus o chamou durante a noite (cf. 1Samuel 3). E ele também ouviu quando Deus lhe disse para dar aos israelitas o rei que eles estavam pedindo, mesmo que eles quisessem um rei pelos motivos errados.

Quando eles pediram um rei para governá-los,
Samuel ficou abalado e orou ao Eterno.

O seu corpo não é o indicador de uma vida correta

O Eterno respondeu: "Vá em frente! Faça o que eles pedem. Eles não estão rejeitando você. O que não querem é que eu seja o rei deles. Desde que os tirei da terra do Egito até agora, eles agem assim, o tempo todo me abandonando para servir outros deuses. Agora estão fazendo isso com você. Por isso, deixe que recebam o que estão pedindo. Mas faça que entendam as consequências desse pedido. Mostre como um rei trabalha e como ele vai tratá-los".

[...] Mas o povo não deu atenção a Samuel. Eles insistiam: "Não estamos preocupados com isso! Queremos um rei para nos governar! Queremos ser como os outros povos. Nosso rei governará sobre nós, será o nosso líder e comandará nossas tropas na guerra".

Samuel ouviu a resposta deles e relatou tudo ao Eterno. O Eterno disse a Samuel: "Faça o que eles pedirem. Nomeie um rei sobre eles". Então, Samuel despediu os homens de Israel, dizendo: "Voltem cada um para a sua casa" (1Samuel 8:6-9,19-22, A Mensagem).

Pouco depois disso, Samuel ouviu quando Deus escolheu Saul, um cara bonitão que parecia improvável ser um bom líder, para ser rei de Israel (cf. 1Samuel 9). A Palavra de Deus nos diz que Saul era mais bonito e mais alto do que a maioria das pessoas, porém a história nos mostra quão improvável ele era como uma escolha para aquele desafio. Ele vinha da menor e mais insignificante tribo Israel. E ele estava procurando por jumentos perdidos, não por poder e glória, quando Deus o mostrou para Samuel.

As origens humildes de Saul não o impediram de ter um fim orgulhoso. Samuel ouviu a Deus novamente quando teve de dizer a Saul que ele seria substituído por um homem segundo o coração de Deus (cf. 1 Samuel 13). Saul tinha o mau hábito de fazer o que Deus lhe pedia, mas improvisava quando e como lhe convinha. Foi após uma dessas ocasiões que Samuel declarou:

> Disse Samuel: "Você agiu como tolo,
> desobedecendo ao mandamento que o Senhor, o
> seu Deus, deu a você; se tivesse obedecido, ele teria
> estabelecido para sempre o seu reinado sobre
> Israel. Mas agora o seu reinado não permanecerá;
> o Senhor procurou um homem segundo o seu
> coração e o designou líder de seu povo, pois
> você não obedeceu ao mandamento do Senhor"
> (1Samuel 13:13-14).

Pouco depois, Deus disse a Samuel para parar de lamentar a perda de Saul e ir buscar o novo jovem que ele havia escolhido para ser rei. Nesse ponto, Saul poderia ter matado Samuel por traição, mas Deus deu instruções específicas para ele ir ao encontro de Jessé, em Belém, onde Deus lhe mostraria o que fazer.

Quem era Jessé? Ele não era rico ou poderoso segundo os padrões culturais. Era um agricultor e criador de ovelhas no campo. Mas sua história era rica, e seu futuro havia sido profetizado. Seu avô era Boaz, o parente redentor que se torna o herói do Livro de Rute. E, em Isaías 11, havia sido profetizado que o Messias (o Salvador do povo de Deus) descenderia do broto, ou da raiz, de Jessé. O futuro de Jessé era abundante não apenas

O seu corpo não é o indicador de uma vida correta

por causa do que estava prestes a acontecer com Samuel, mas porque Jesus Cristo descenderia da linhagem de Jessé pelo lado de sua mãe.

Portanto, historicamente, estamos lidando com isto: Saul era bonito, mas foi rejeitado por Deus porque não ouvia e não obedecia. Jessé era um cara comum, sem nada espetacular em sua vida, exceto pelo fato de que Deus havia se mostrado fiel e verdadeiro à sua família e tinha prometido glória para seu futuro. Essas histórias demonstram claramente que as aparências externas da sua vida não são a forma como Deus avalia você. A sua aparência e como você é percebida pela cultura ao seu redor não têm consequências sobre como Deus a trata. E ponto final.

Deus está prestes a reforçar esse ponto, então vamos continuar ouvindo.

Samuel foi a Belém, como Deus o instruiu, para oferecer um sacrifício. Ele convidou Jessé e seus filhos, e até mesmo os consagrou — abençoando-os e marcando-os como separados e diferentes de todos os outros. Samuel viu Eliabe, o filho mais velho de Jessé, alto e bonito, e presumiu — ele deve ser o novo rei. Mas — espere por esta — o que Deus diz a respeito?

O Senhor, contudo, disse a Samuel: "Não considere sua aparência nem sua altura, pois eu o rejeitei. O Senhor não vê como o homem: o homem vê a aparência, mas o Senhor vê o coração" (1Samuel 16:7).

O Senhor olha para o coração.
O Senhor olha para o coração.
O Senhor olha para o coração.

LIBERTE-SE DA VERGONHA DO SEU CORPO

Vou dizer isto mais uma vez, porque ouvimos e vimos justamente o oposto sendo dito e demonstrado durante toda a nossa vida: *O Senhor olha para o coração.*

Vamos avançar para o fato de que Davi não foi um rei perfeito. Ele foi cúmplice de assassinato, usou seu poder para coerção sexual e somente se arrependeu quando foi confrontado diretamente. Ele não era sem pecado e não liderava a nação com um caráter impecável o tempo todo. Mas...

O Senhor olha para o coração.

O Senhor olha para o coração.

O Senhor olha para o coração.

A esperança selvagem para nós é esta: não apenas Deus não *olha* para o nosso corpo, mas até mesmo o nosso comportamento físico — a maneira como usamos o nosso corpo — não determina a decisão final. Isso não anula a proclamação de amor e graça divina para conosco. Quando Deus olha para o coração daquelas de nós que são seguidoras de Jesus, ele vê a justiça de seu próprio Filho. Ele vê nosso potencial no Reino e a pureza com que ele nos criou. E, porque Deus nos ama, ele nos responsabiliza e nos corrige (como fez com Davi), mas não faz um julgamento precipitado com base no que os seres humanos veem.

Não é o seu corpo, a sua beleza ou o seu comportamento que Deus usa para determinar o amor dele por você. E é hora de concordarmos com a maneira como Deus olha para o seu povo.

QUAL ERA O TAMANHO DE EVA?
(NÃO É ISSO O QUE IMPORTA)

Em toda a minha leitura e estudo das Escrituras, nunca encontrei um único versículo que afirme que Deus avalia as pessoas pela aparência. Em vez disso, quando o evangelho completo

O seu corpo não é o indicador de uma vida correta

de Jesus Cristo é desvendado para nós no Novo Testamento, a história de Davi faz ainda mais sentido para mim. Não se trata apenas de Deus não nos avaliar pela nossa aparência; ele também não nos avalia pelo nosso *desempenho*.

No Reino, as pessoas que fizerem coisas complicadas, cúmplices e criminosas podem ter o coração transformado por Deus e ser usadas de maneiras poderosas para o bem dos outros e para a glória de Deus. Porque o Senhor olha para o coração.

Diante do sexismo e do racismo no momento cultural em que Jesus viveu, Jesus mostrou consistentemente honra e valor àquelas pessoas que o mundo menosprezava e descartava. Porque o Senhor olha para o coração.

Nas Escrituras, não há menção das coxas de Maria Madalena, dos dentes de Débora, da cintura de Rute, da testa de Ana, a profetisa, das estrias de Isabel, dos cabelos de Eva, da pele de Loide, do tamanho da túnica de Marta, ou da simetria (ou falta dela) do rosto de Miriam. Porque o Senhor olha para o coração.

A fidelidade dessas mulheres não foi definida por seu corpo; a capacidade de essas mulheres serem usadas por Deus não foi definida por seu corpo; e o corpo delas nunca foi a parte mais interessante ou cativante de suas histórias. Porque o Senhor olha para o coração.

Nunca um anjo se aproximou de Noemi e disse que Deus estaria mais propenso a trabalhar por intermédio da vida dela se ela cuidasse melhor de si mesma. Eu não acredito que Paulo tenha chamado Priscila de lado e dito que ela seria uma missionária melhor se fizesse algo mais especial com seu cabelo. Zípora, a esposa de Moisés, não é lembrada por ser uma mulher deslumbrante, mas porque ela amou um homem complicado no decorrer de uma temporada historicamente difícil. Porque o Senhor olha para o coração.

Deus usou essas mulheres para moldar o cenário de esperança, cura, misericórdia e significado no qual, no final das contas, nós nos envolvemos como seguidoras de Jesus. O corpo delas foi feito e reconhecido como algo bom por um Criador que as amava. A vida delas era valiosa porque elas eram filhas dele. A história de cada uma delas pavimentou o caminho para que outras pessoas se achegassem a Deus, e não porque elas se encaixavam nas expectativas físicas culturais de sua época, mas porque eram fiéis e permitiram que Deus as usasse.

Porque o Senhor olha para o coração.

Se alguém (incluindo você) lhe disse que o seu corpo precisa mudar para que você seja usada por Deus, por favor mostre-lhes a história de Davi. Se alguém lhe disse que, para receber as bênçãos que Deus tem para a sua vida, você deve escolher a conformidade cultural, diga-lhes o que Deus disse a Samuel. Se alguém insinuou, de alguma forma, que há uma conexão entre o seu valor e a aprovação do mundo ao seu corpo no reino de Deus, diga a essa pessoa que ela está completamente errada.

Nós vivemos no Reino. E o Senhor olha para o coração. O seu corpo não é um indicador de retidão e nunca foi nem será usado por Deus para determinar o seu valor. Além disso, o seu corpo não deve ser usado por mais ninguém para determinar a sua bondade, a sua prontidão ou o seu valor no Reino ou na terra.

RECHAÇANDO A VERGONHA DO SEU CORPO

Vamos em frente para responder aos argumentos que podem estar surgindo na sua mente ou que já tenham sido apresentados a você no passado. Deus sabe que já apresentei e já ouvi uma variedade de argumentos. Prefiro estar preparada para

O seu corpo não é o indicador de uma vida correta

combatê-los com sabedoria, verdade e clareza, em vez de ficar na defensiva e cultivando o medo.

Certa vez ouvi dizer que, quando uma fortaleza está sendo ameaçada, seja dentro de um indivíduo ou de uma cultura, ela se torna mais alta e agressiva. Neste caso, a fortaleza que diz que precisamos atender aos padrões culturais de beleza para sermos usadas por Deus faz exatamente a mesma coisa. Quando confrontamos esse tipo de mentira, as refutações muitas vezes são mais cruéis e revanchistas do que a acusação original. Vamos abordar apenas uma dessas refutações, mas oro para que a sabedoria que usamos aqui se aplique a todas as contraposições que você enfrenta ao adentrar na verdade de Deus em relação ao seu corpo.

"Mas você deve cuidar do seu corpo. Se você está deixando as coisas do jeito que estão, isso não honra a Deus."

Vou trabalhar nisso como se você e eu estivéssemos de volta à cafeteria juntas. Vamos pegar outro café com leite a fim de termos energia para processar isso. Aqui estão algumas verdades para ancorá-la na próxima vez que alguém proferir palavras que diminuam seu corpo, que foi criado e reconhecido por Deus como algo realmente bom:

1. *Considere a fonte.* A pessoa que está refutando a verdade de que o nosso corpo não é um indicador da nossa retidão é alguém em quem podemos confiar? Essa pessoa enxerga Deus, seu Reino e sua Palavra da mesma maneira que nós enxergamos? Ela usa a Palavra como uma arma contra as pessoas ou como uma arma contra o Inimigo? Ela busca e procura a Palavra humildemente para conhecer melhor a Deus ou para *parecer* que conhece melhor a Deus? Ela está disposta a reconhecer seus equívocos e, a partir daí, mudar de direção?

Ela busca honrar a Deus com o próprio corpo? Ela tem uma mentalidade orientada para o Reino em relação ao próprio corpo?

Somente você pode responder a essas perguntas, mas vou lhe dizer algo de forma bastante clara: você pode amar, respeitar e honrar alguém, e ainda assim optar por não aceitar a perspectiva dessa pessoa se não acreditar que as crenças dela sobre o corpo estão alinhadas com o coração de Deus. Talvez você possa aprender com essa pessoa sobre outros assuntos, mas silencie a sua alma quando ela falar sobre o corpo.

Acredito que a humildade diz que posso aprender com qualquer pessoa sobre qualquer assunto. No entanto, em uma área da minha vida tão frágil e preciosa quanto a maneira como eu percebo o meu corpo, em que experimentei feridas extremas e curas milagrosas, não concordo em ser ensinada por pessoas que não têm uma mentalidade orientada pelo Reino.

2. *Somente você pode saber, no seu coração, o que significa "cuidar do seu corpo".* Novamente, podemos ser humildes e aprender com as outras pessoas aqui, mas os padrões são muito diversos e muitas vezes baseados nas opiniões de outros seres humanos, que (surpresa!) talvez não tenham uma mentalidade orientada para o Reino em relação ao corpo. Cuidar do seu corpo significa permitir que ele descanse, se movimente, receba refeições saudáveis? Ou "cuidar do seu corpo" é um eufemismo para pressionar você fortemente em direção aos ideais culturais? Cuidar do seu corpo significa seguir uma dieta especializada? Cuidar do seu corpo implica o uso de remédios homeopáticos?

O seu corpo não é o indicador de uma vida correta

Tenho amigas que cuidam do corpo e correm maratonas. Tenho outras amigas que cuidam do corpo e talvez não consigam correr nem um quilômetro se tentarem. Tenho amigas que cuidam do corpo comendo coisas muito intencionais em momentos intencionais, e tenho amigas que cuidam do corpo abraçando a liberdade naquilo que comem. Tenho amigas que cuidam do corpo e fazem inúmeras limpezas faciais, e tenho amigas que cuidam do corpo e nunca colocariam uma substância química estranha em sua pele.

Se vamos emitir uma refutação clara e firme à ideia de que a nossa retidão é determinada pelo estado do nosso corpo, precisamos saber o que significa para nós cuidar do nosso corpo, não o que outras pessoas pensam que deveria significar. É claro que devemos cuidar do nosso corpo e é claro que não devemos acreditar que isso significará a mesma coisa para todas as pessoas. No entanto, devemos nos voltar a Deus e perguntar a ele o que significa cuidar do nosso corpo.

3. *Lembre-se de que nem todas as pessoas estão na mesma página.* Para ter uma conversa significativa com alguém que queira discutir a conexão entre a retidão e a maneira como tratamos o nosso corpo, sugiro que comecemos do mesmo pressuposto, o que muitas vezes é difícil. Não podemos discutir possíveis refutações a menos que estejamos pisando no mesmo terreno firme da verdade. Para mim, essa verdade é que Deus criou e reconheceu o nosso corpo como algo bom, e toda maneira como trato o meu corpo é uma resposta a essa bondade, em vez de um castigo ao meu corpo por ser ruim.

Aparentemente isso deveria ser algo compreendido por nós, mas percebo que não é. Em vez disso, a suposição geral parece ser que devemos trabalhar *pela aprovação de Deus* e dos outros com o nosso corpo, em vez de trabalharmos *a partir da aprovação de Deus*. Em poucas palavras, acredito que muitas seguidoras de Jesus estão tentando tornar o corpo delas algo bom, em vez de concordar que Deus já o criou bom e tratá-lo como tal.

Então, você deve cuidar do seu corpo para honrar a Deus? Com certeza.

Concordamos sobre o que isso significa e como se parecerá? Eu diria que é quase impossível para todas nós trabalharmos com o mesmo pressuposto ou perspectiva, porque cada uma de nós tem um corpo diferente com necessidades únicas.

Isso significa que o meu corpo é um indicador de retidão, de se estou apta ou não para assumir o chamado de Deus na minha vida? Com certeza não. O Senhor olha para o coração.

Nós também devemos olhar.

COLOCANDO EM PRÁTICA

Vamos manter o nosso ritmo de não apenas reter conhecimento, como também colocar a verdade em ação.

Primeiro, algumas perguntas difíceis:

1. *Você já acreditou, concordou e/ou compartilhou a mensagem de que o nosso corpo é um indicador da nossa retidão?*

   O que fez você dizer isso no passado? Que impacto isso teve sobre você?

2. *Como você se sente ao lembrar que Deus olha para o seu coração?*

O seu corpo não é o indicador de uma vida correta

Isso leva você de volta à adoração ou, talvez, à preocupação de que você tenha negligenciado a parte mais importante de si mesma? O que você percebe que Deus vê quando olha para o seu coração?

3. *Você já se sentiu desqualificada por causa do seu corpo?* Como seria se livrar disso hoje e entrar no chamado que Deus lhe deu?

Agora, vamos tentar algumas práticas que dão vida:

1. *Nesta semana, tente comer como se isso fosse um ato de adoração.* E se comer não estivesse relacionado à punição ou ao prazer separado de Deus? E se não fosse algo relacionado a privar-se ou a procurar conforto? E se fosse algo relacionado a agradecer a Deus por seus bons presentes e a nutrir o seu corpo para a obra que ele estabeleceu diante de você?

> *"Assim, quer vocês comam, quer bebam, quer façam qualquer outra coisa, façam tudo para a glória de Deus" (1Coríntios 10:31).*

2. *Nesta semana, tente se movimentar/ se exercitar como se isso fosse um ato de adoração.* E se o exercício físico não fosse algo relacionado a "consertar" o seu corpo ou fustigá-lo ou tratá-lo como um projeto? E se as atividades físicas fossem algo relacionado a cuidar do vaso em que Deus a colocou e usar esses momentos para louvar a Deus, agradecer a ele e glorificá-lo com o que você tem?

Muitas vezes me perguntam como a pessoa pode se dedicar à adoração quando odeia exercícios, e acho que a resposta mais simples é encontrar uma maneira de se exercitar que você não odeie! Faça uma caminhada com uma amiga e fale sobre o que se passa no coração de vocês — isso é adoração. Coloque uma música que você ama e movimente o seu corpo em um local privado — isso é adoração. Vá para o lugar mais bonito da sua cidade, caminhe e maravilhe-se com a bondade de Deus — isso é adoração.

3. *Dedique um tempo a se aprofundar na Palavra de Deus, a fim de entender o que realmente torna você justa e santa diante de Deus.* Novamente, vamos substituir as mentiras por verdades para que possamos ter as nossas perspectivas sobre o nosso corpo restauradas e a nossa mente renovada.

Confira 2Coríntios 5:21, Romanos 10:4, 1Pedro 2:24 e Romanos 3:22-24.

O seu corpo não é o indicador de uma vida correta

PALAVRAS DAS NOSSAS AMIGAS

Jensine: *Que bela lembrança sobre aquilo para o que Deus olha (o coração, o coração, o coração!) Isso me faz recordar de todas as pessoas fiéis na Bíblia — não se faz muito alarde sobre seus bíceps salientes ou seus estômagos lisos. A parte mais física que encontramos no texto sagrado fala sobre a maneira como desfrutamos do bom e precioso presente do casamento! Mas o que encontramos repetidamente na Palavra de Deus são vislumbres de fidelidade, de confiar na bondade de Deus para gerar frutos.*

Sarah: *Como fisioterapeuta domiciliar, trabalho com muitos idosos. Ao longo dos anos, trabalhei com muitas mulheres idosas em seus noventa anos, que ainda assim se definiam pela aparência. Essas mulheres realizaram coisas incríveis em sua vida, mas continuamente falavam de si mesmas de maneira desanimadora, sempre com alguma referência negativa ao corpo. Trabalhar com essas mulheres foi um chamado de atenção para mim. Percebi que não quero ter noventa anos e ainda lutar contra distúrbios alimentares ou definir o meu valor em termos do meu corpo físico. Quero ser definida simplesmente* *por ser a mulher que Deus me fez ser, pela minha fidelidade e pela maneira como amo as outras pessoas. Sou muito grata pelo fato de o Senhor olhar para o coração e de o meu corpo não me definir. Agora, quando trabalho com essas pacientes, lembro a elas: "Não fale assim sobre a minha amiga" e dedico um tempo para afirmar positivamente o corpo delas por aquilo que ele pode fazer, não pela sua aparência.*

9.
ACOLHENDO O AVIVAMENTO

O meu marido sempre diz: "Perguntas demonstram que você se importa." Nós dizemos isso com frequência no contexto da nossa igreja. Se você tiver algum questionamento sobre algo que fizemos ou dissemos, ou algo que faremos ou diremos, é muito mais útil fazer uma pergunta do que uma suposição. Uma pergunta é um ato de amor que demonstra o seu envolvimento. Para nós, as perguntas não representam desconfiança ou dúvida; elas representam um engajamento sincero e criam uma base sólida a partir da qual crescer. É por isso, ao menos parcialmente, que fiz tantos questionamentos profundos e reveladores nos capítulos anteriores do livro.

Vamos revisitar alguns deles e fazer um rápido *tour* dos destaques, se você me permite:

O que lhe disseram sobre o seu corpo e sobre onde vem o seu valor?

Como seria a manifestação do Reino no seu corpo hoje?

Você sente que tem tentado superar a maldição no que se refere ao seu corpo?

Qual é a coisa mais verdadeira sobre você?

Por que você deseja cura e restauração para o seu corpo?

Se você respondeu a essas perguntas, oro para que não tenha feito isso com respostas automáticas, mas sim com uma reflexão exploratória que a levou a se enxergar, a enxergar a Deus e a enxergar este mundo com maior clareza. Se você respondeu a essas perguntas, oro para que elas não apenas a tenham exposto, mas também a tenham deixado esperançosa. Oro para que essas perguntas tenham desencadeado crescimento e mudança na sua alma. Oro para que elas tenham produzido frutos divinos duradouros.

Boas perguntas nos dão pistas de onde estamos e *insights* sobre aonde pensamos estar indo. Quando capacito mulheres, seja em missões, negócios ou qualquer outra área, frequentemente começo com três perguntas:

Como você está se sentindo hoje?

Quão disposta você está a mudar e crescer?

O que acontecerá se você não experimentar crescimento nesta área?

Este parece ser um momento pertinente e produtivo para fazer uma pausa e trazer à tona esses questionamentos em relação à imagem do nosso corpo. No entanto, além disso, tenho mais uma pergunta muito importante para explorarmos juntas.

Quando comecei a escrever este livro, enviei uma rápida pesquisa para algumas amigas ao redor do mundo. Perguntei a elas sobre suas diferentes visões em relação ao corpo, suas experiências, seus pontos de dor e suas esperanças. Contudo, terminei a pesquisa com a pergunta cuja resposta parece mais importante:

"Em uma escala de 1 a 5, quão provável é que a nossa geração possa experimentar uma quebra na fortaleza da imagem corporal negativa?"

Fico feliz em dizer que 70% das minhas amigas responderam "5" — muito esperançosas —, e as outras 30% responderam "4".

A maneira como respondemos a essa pergunta não apenas revela algo importante sobre o nosso coração; a maneira como respondemos a essa pergunta também aponta como viveremos a verdade de que o nosso corpo é bom. Vale a pena refletir mais a respeito. Se não acreditarmos que podemos experimentar a cura coletivamente, não avançaremos na busca por sermos curadas.

O avivamento é uma parte incrivelmente importante do caminho para aquelas de nós que estão chegando ao consenso de que o nosso corpo é algo inerentemente bom. Por que isso é tão importante?

Existem duas áreas de avivamento que me interessam: o avivamento pessoal e o avivamento coletivo. Aqui está o porquê.

Primeiro, neste caminho de acreditar que o nosso corpo é algo bom, renomeamos aquilo que o mundo tem difamado para retornar àquilo que o próprio Deus disse sobre nós desde o início. Reunimos a graça que nos foi oferecida e descartamos as palavras negativas que foram expressas sobre o nosso corpo. Pegamos o primeiro nome dado a nós por Deus: [algo] *bom*. Passamos a viver nesse nome, balançamos a nossa cabeça em anuência e concordamos com Deus.

Segundo, damos descanso ao nosso corpo ao declarar que ele é algo bom — o nosso corpo não está em um caminho para se tornar melhor ou aceitável, pois já foi criado e declarado como algo bom. Aprendemos que podemos exercitar o nosso corpo e cuidar dele com amor, sem fustigação, sem tratá-lo como um projeto a ser concluído ou como um problema a ser resolvido.

Terceiro, experimentamos a restauração. Lembramo-nos do propósito para o qual o nosso corpo existe: a adoração. A adoração é o espaço no qual experimentamos a Deus, encontramos sua bondade e nos lembramos de uma das melhores notícias sobre o nosso corpo — que não o experimentaremos neste estado caído para sempre. Mas, enquanto isso, buscamos entender como é estar maravilhadas com Deus no nosso corpo.

Poderíamos parar por aí. E, mesmo se o fizéssemos, notaríamos algumas mudanças positivas na nossa própria vida. Ou, uma vez que internalizamos esta mensagem para nós mesmas, podemos expressá-la usando esta mesma verdade e esta mesma linguagem para amar as mulheres ao nosso redor. Podemos guardar isso para nós mesmas, ou podemos testemunhar uma cura coletiva, a restauração e a renovação de uma geração. Podemos ter parceiras para avançar juntas na restauração, e não haverá como voltar atrás.

Acredito que queremos os dois: o avivamento pessoal e o avivamento coletivo. Não queremos nos contentar apenas em assimilar um novo conjunto de ideias. Queremos ser completamente transformadas e queremos trazer as nossas irmãs conosco nesta jornada.

VOCÊ QUER AVIVAMENTO?

Quando vemos os resultados, queremos continuar. Se não vemos os resultados, perdemos a esperança, desanimamos e desistimos. Este é um princípio do Reino.

A esperança que se retarda deixa o coração
doente, mas o anseio satisfeito é árvore de vida
(Provérbios 13:12).

Aqui está o que eu sei sobre vocês, mulheres do Reino. Vocês desejam o bem para si mesmas, mas também desejam intrinsecamente o bem para as outras mulheres. Vocês querem experimentar a liberdade que foi comprada para vocês na cruz de Cristo, mas dançarão com alegria e correrão com entusiasmo quando virem outras mulheres entrando nessa liberdade. Vocês querem ver evidências de transformação em si mesmas, porém anseiam ver a mesma transformação nas outras mulheres. E isso é lindo.

Aqui está mais uma coisa que eu sei sobre vocês, mulheres do Reino. No final das contas, vocês sabem que, se há alguma esperança a ser encontrada, está no poder de Jesus Cristo, que ressuscitou dos mortos e ressuscitou a nossa alma. No âmago de quem são, vocês podem confiar na sabedoria e no conhecimento geral, mas se apoiam completamente em Jesus e em sua verdade. Vocês amam as pessoas e amam aprender com elas, mas adoram a Jesus. Mesmo que tenham pegado este livro acreditando que Deus é a resposta, vocês sabem no fundo do coração que a cura divina é nossa melhor esperança. Vocês confiam em Deus, mesmo quando não conseguem ver como ele se manifestará.

E aqui está o que eu sei sobre o nosso Pai: ele não nos abandona nem nos desampara. Ele não quer que suas filhas permaneçam em cativeiro para sempre. Ele nos faz crescer; ele permite que cresçamos de geração em geração. Ele é aquele que abre caminhos. Ele é um transformador de cultura. Ele é o médico supremo. Ele é o reconstrutor de ruínas antigas, aquele que enxuga todas as lágrimas de todos os olhos. Ele está por trás de todo avanço cultural e de toda iniciativa do Reino. Eu sei, eu sei, eu sei que Deus quer que vejamos libertação na nossa vida. Eu sei que ele quer que as mulheres que vêm depois de nós entrem em uma liberdade maior do que podemos imaginar. E eu sei que, quando pedimos pão a ele, ele não nos dá uma pedra.

A variável não é Deus e sua capacidade, mas nós. A pergunta não é "Deus pode fazer isso?", mas "Estaremos lá para o avanço quando o avivamento acontecer? Vamos declarar e tomar a liberdade que está à nossa disposição? Vamos ver os primeiros frutos da liberdade quando as mulheres ao nosso redor se apossarem do que foi preparado para elas? Vamos buscar resultados e continuar nos esforçando para ver ainda mais?"

A pergunta mais importante a que você e eu temos de responder é esta: Queremos fazer parte do avivamento que ocorrerá quando as mulheres da nossa geração começarem a acreditar que o corpo delas é algo bom e começarem a agir como tal?

Você consegue imaginar como seria se as mulheres não se avaliassem antes de subirem na esteira da academia? Se você pudesse olhar no espelho, respirar aliviada e ver o que Deus vê? Se a sua filha não sentisse a pressão de contar calorias como as amigas dela na escola? Você consegue imaginar todas nós caminhando e nos movendo em liberdade, independentemente da estação, seja usando maiôs ou roupas de ginástica? E se as nossas netas e suas filhas acreditassem intrinsecamente que o corpo delas é algo bom, criado e amado por Deus, e elas amassem também o próprio corpo, em vez de tentarem se tornar amáveis?

Vamos permanecer e nos colocar na linha de frente quando a mudança começar a acontecer? Vamos esperar e orar com expectativa quando as correntes começarem a cair e as mulheres começarem a se alegrar com a boa notícia de que são amadas e valorizadas simplesmente porque Deus as criou? Vamos marchar com elas quando o *momentum* crescer e chegar a hora de colher as sementes da verdade que plantamos?

A esperança adiada deixa o coração doente, mas, quando nosso Salvador está envolvido, sempre há movimento, promessa e ESPERANÇA. Então, não há chance de perdermos os primeiros frutos — a menos que desistamos antes do tempo da colheita.

COMO O AVIVAMENTO COMEÇA

Você já assistiu à série *The Office* [O escritório]?[1] Se assistiu, vai dar risada agora. Se não assistiu, vai querer pesquisar esta cena no Google depois de terminar de ler, e então vai dar muita risada. Há uma cena em que Michael, o personagem principal, que é um bobo adorável, percebe que talvez precise declarar falência. Ele é meio como uma criança crescida que não tem noção do que está acontecendo na sociedade à sua volta, então não é surpresa que suas finanças estejam uma verdadeira confusão.

Nesse episódio, Creed (que talvez seja um dos personagens mais estranhos) aconselha Michael a declarar falência. Então Michael entra no meio do escritório e grita solenemente:

"EU... DECLARO... FALÊNCIAAAAAAAAAAAAAA."

Claro, não é assim que funciona. Mas é mais ou menos assim que vejo as pessoas tratando o avivamento na igreja. Não dá para simplesmente anunciar em alta voz a palavra "avivamento" e de repente querer ver como consequência multidões se voltando para Deus. Não dá para criar um avivamento apenas declarando isso; esse é um trabalho de Deus. O meu marido, que também é o meu pastor, às vezes me lembra de que muitas vezes não sabemos que algo é um avivamento até

---

1 N. da T.: Comédia clássica exibida na televisão inglesa e norte-americana cujos episódios retratam o cotidiano dos funcionários de um escritório.

depois de as coisas terem acontecido. E, quando você está envolvida em um avivamento, imagino que esteja tão maravilhada pelo poder e pela presença de Deus que não sairia por aí dizendo que está experimentando um avivamento, reivindicando que você o causou ou o trouxe à existência.

Sinto que, quando testemunharmos um verdadeiro avivamento, estaremos tão maravilhadas por Deus que não vamos querer reivindicar a nossa parte nele. Seremos hesitantes em receber crédito por isso, ou até mesmo em traçar o caminho de volta à sua origem. Simplesmente experimentaremos o avivamento, e isso será suficiente.

Então, o que traz o avivamento, os movimentos sem precedentes de Deus que reescrevem a história e mudam o formato da família de Deus para a eternidade?

Vamos descobrir juntas.

> *"[...] se o meu povo, que se chama pelo meu nome, se humilhar e orar, buscar a minha face e se afastar dos seus maus caminhos, dos céus o ouvirei, perdoarei o seu pecado e curarei a sua terra" (2Crônicas 7:14).*

Vamos começar com o Grande Avivamento de 1727. O evento foi notável porque houve um derramamento perceptível do Espírito de Deus em diferentes continentes. Sem Instagram. Sem adoração no iTunes. Sem grandes reuniões. Apenas um número enorme de pessoas conhecendo a Deus, ao mesmo tempo, na Alemanha, na Inglaterra e na América. Estima-se que à época mais de 30 mil pessoas passaram a acreditar em Jesus e pelo menos 150 novas igrejas foram estabelecidas. Novamente, sem internet. Sem chamadas no Zoom nas quais as pessoas podiam compartilhar os frutos daquilo que estavam testemunhando. E quanto às raízes deste aviva-mento? *O despertar inteiro é atribuído a um período prolon-gado de oração, arrependimento e reconciliação que se iniciou em uma pequena comunidade moraviana[2] na Alemanha.*

Vamos avançar agora até Charles Finney. O meu marido e eu somos fãs de Finney; lemos tudo o que conseguimos en-contrar e prestamos muita atenção no seu ministério. Charles Finney esteve na vanguarda do Segundo Grande Avivamento, que ocorreu por volta de 1830. Estima-se que mais de 100 mil pessoas tenham entregado a vida a Jesus no período de um ano na América do Norte, e os efeitos do avivamento foram sentidos na Inglaterra e em toda a Europa. Charles Finney, que era advogado por profissão, encontrou Jesus quando saiu para a floresta a fim de acertar as contas de sua alma de uma vez por todas. Depois disso, ele relatou que o Espírito Santo "parecia percorrer todo o meu ser... corpo e alma".

Finney era conhecido por seus apelos ao arrependimento, e até mesmo por tornar seus sermões "menos agradáveis e mais produtivos". Finney acreditava que falar francamente sobre o pecado, o inferno, a graça, a redenção e a salvação era a coisa mais amorosa que você poderia fazer por alguém que lhe dedicasse sua atenção. Todos esses apelos ao arrependi-mento levaram ao avivamento.

Ao estudar avivamentos ao redor do mundo, concluí que eles não podem ser fabricados e não podem ser interrompidos, e que frequentemente são precedidos por arrependimento, oração e pelo desejo de ver Deus fazer o que somente ele pode fazer.

A minha esperança para este capítulo não é que você me ouça declarando avivamento, porque tenho certeza de que eu

---

2   N. da P.: Denominação cristã protestante que surgiu na Morávia (atual República Tcheca), no século 18. Acreditam na vida comunitária e na disciplina; empenham-se nas missões; são reconhecidos pela beleza de sua música litúrgica.

soaria muito parecida com Michael Scott.[3] Mas oro para que possamos sentir um aroma de possibilidade girar ao nosso redor como mulheres de Deus. Oro para que percebamos o poder de Deus como algo disponível para nós, para transformar a nossa própria vida e impulsionar a nossa cultura e geração para um espaço de cura como nunca vimos. E oro para que façamos uma pausa por um momento a fim de calcular o custo do que nos impediria de fazer parte da renovação que Deus pode trazer em relação à maneira como as mulheres veem o corpo delas.

AVIVAMENTO SIGNIFICA SEGUIR EM FRENTE, NÃO VOLTAR ATRÁS

Foi para a liberdade que Cristo nos libertou.
Portanto, permaneçam firmes e não se deixem
submeter novamente a um jugo de escravidão
(Gálatas 5:1).

O primeiro livro que tive a alegria de escrever, *Wild and Free* [Selvagem e livre],[4] foi coescrito com a minha querida amiga, Hayley Morgan. Alternamos na escrita dos capítulos — eu escrevi os capítulos sobre ser "selvagem" (voltando à nossa verdadeira natureza como filhas de Deus), e Hayley escreveu os capítulos sobre ser "livre" (agindo na liberdade que é nossa em Cristo Jesus). Sinto tristeza, mas não constrangimento, em compartilhar com você que muitas vezes eu dizia a Hayley em particular que não poderia escrever sobre liberdade, especificamente porque sentia que estava em cativeiro em relação ao meu cor-

---

3   N. da T.: O chefe sem noção interpretado por Steven Carrell na série *The Office*, citada anteriormente.

4   Connolly, J.; Morgan, H. *Wild and Free:* A Hope-Filled Anthem for the Woman Who Feels She Is Both Too Much and Never Enough. Zondervan, 2016.

po. As minhas correntes estavam se rompendo, mas eu ainda estava lutando.

Hayley escreveu muito sobre Harriet Tubman[5] e sua busca incansável pela liberdade de outros negros que estavam escravizados na América. Ela escreveu sobre como Harriet experimentou a liberdade e sentiu a necessidade de adquiri-la para outros escravizados, de modo que se colocava em perigo físico repetidamente para garantir que outros negros fossem resgatados. Foi apenas alguns anos depois que descobri sobre a famosa fotografia de Harriet Tubman segurando uma espingarda. Harriet era conhecida por carregar uma arma de fogo para se defender e para defender outras pessoas que escapavam da escravidão, mas ela também admitiu que apontava a arma para aqueles que tentavam voltar à condição escrava, como uma forma de mantê-los seguindo em frente.

Se alguém que estava fugindo da escravidão voltasse atrás por medo, essa pessoa representaria um extremo perigo para aqueles que a tivessem ajudado a escapar e para aqueles que haviam encontrado a liberdade. Eles não podiam se dar ao luxo de permitir retrocessos.

Os riscos são diferentes para as mulheres de hoje que buscam libertar-se da crença de que o corpo delas não é bom o suficiente. Mas o perigo de voltar atrás permanece. Quando uma mulher retorna à sua antiga e familiar escravidão, coloca em risco aquelas que estão livres e aquelas que a levaram à liberdade.

Talvez este livro devesse ter sido publicado com um aviso bem gentil: NÃO LEIA ESTE LIVRO A MENOS QUE VOCÊ ESTEJA

---

5 N. da T.: Líder afro-americana, abolicionista e ativista dos direitos civis que nasceu escravizada e se tornou uma figura icônica na história da luta pela liberdade e justiça nos Estados Unidos. Depois de fugir, resgatou centenas de outros escravizados através da rede clandestina conhecida como Underground Railroad [Estrada de ferro subterrânea]. Foi espiã durante a Guerra Civil Americana e, ao final de sua vida, tornou-se uma ativista pela causa do sufrágio feminino.

DISPOSTA A PERMANECER FORA DOS LIMITES E DAS EXPECTA-
TIVAS CULTURAIS. Até onde sei, o livro não torna o nosso cativeiro mais perigoso — mas sempre foi importante que lutásse-
mos pela liberdade não apenas por nós mesmas, como também
pelas pessoas ao nosso redor.

As mulheres estão observando você. As suas filhas, as suas
irmãs e a sua mãe estão observando você. A moça que cuida
das suas crianças, aquela mulher que senta duas fileiras atrás
de você na igreja, as outras estudantes na sua escola. A sua
colega de quarto, a sua garçonete preferida, as mulheres na
sua aula de exercícios. Todas estão enfrentando a mesma luta,
a mesma batalha, ainda que não tenham consciência disso. O
inimigo da nossa alma está travando a mesma guerra contra
o corpo delas e contra a compreensão que elas têm acerca do
próprio valor. E isso não quer dizer que tudo depende de você,
ou que você precisa ser a heroína. Jesus é o herói! Ele cuida
delas. Ele as ama. Ele tem um plano para a redenção de todas
essas mulheres. Mas você pode fazer parte do plano dele.

Todas nós fazemos uma escolha: ou desempenhamos um
papel na jornada das mulheres ao nosso redor, à medida que
elas passam a enxergar o próprio corpo de uma perspectiva
do Reino, ou contribuímos para a trilha sonora cultural que as
mantém em cativeiro. Todas nós escolhemos, a cada conversa,
a cada movimento de adoração que fazemos com o nosso próprio corpo, se seremos ou não uma faísca de luz em um lugar
escuro. Todas nós decidimos de que lado queremos estar se
um avivamento acontecer e se as mulheres ao redor do mundo começarem a se livrar do cativeiro que as manteve atadas
às expectativas deste mundo.

Contudo, é bom lembrarmos que o avivamento não começará em uma sala de reuniões. Não começará com um *slogan*
ou uma campanha de marketing bem elaborada. Não começará

quando cantarmos as músicas certas ou usarmos camisetas enfeitadas, ou mesmo quando formos para o centro da sala e gritarmos: "EU DECLARO O AVIVAMENTO!" Se e quando o avivamento chegar, e esta história começar a mudar para as mulheres de nosso tempo, será porque as filhas de Deus se arrependeram, oraram e decidiram que queriam ver seu Pai de uma maneira mais clara do que antes. Pode ser algo silencioso e provavelmente será algo confuso, mas pode começar hoje mesmo.

O AVIVAMENTO É DESPERTADO PELO ARREPENDIMENTO

Sou conhecida na minha família por pedir desculpas. Isso acontece por dois motivos: (a) eu erro muito e (b) eu me preocupo com os pedidos de desculpas. Pode ser difícil para as pessoas ao meu redor lidar com isso, porque posso ser um grande incômodo sobre *como* as pessoas pedem desculpas. Por exemplo, na nossa casa, se você pede desculpas, é provável que ouça uma pergunta complementar: "Pelo que mesmo você está se desculpando?" Eu quero que os meus filhos consigam expressar o que fizeram de errado, por que motivo estão arrependidos e como corrigirão o comportamento no futuro. Eu tento não ser chata com isso, mas acredito que a maneira como você se desculpa faz toda diferença.

Por exemplo, eu odeio a frase "Desculpe-me se isso magoou os seus sentimentos; não foi a minha intenção." Talvez não tenha sido a nossa intenção, mas você não acha que dizemos isso com muita frequência, quando na verdade não queremos dizer? Você concorda que às vezes, de fato, queremos magoar a outra pessoa, mas não é culturalmente apropriado declarar isso? E você não acha que experimentaríamos mais restauração se conseguíssemos identificar o nosso pecado com mais clareza, pedir desculpas, experimentar a graça e então ser impulsionadas pela graça a não cometer esse pecado novamente? Acredito que muitas vezes nos encontramos em ritmos e padrões de pecado perpétuos porque simplesmente não conseguimos identificar o que fizemos com nitidez, ou tentamos amenizar as coisas e fazê-las parecer menos graves.

Eu pessoalmente amo o ato de me arrepender. Amo dizer a Deus que sinto muito, porque ele nunca falha em perdoar e, quando exponho todos os meus erros e falhas, isso é incrivelmente libertador. Ainda me pego evitando isso às vezes, quando o orgulho parece ser a bengala que manterá seguro o meu ego. No entanto, neste ponto do jogo, a minha alma muitas vezes prevalece sobre a minha carne e me leva de volta aos pés de Jesus para pedir desculpas. Amo a renovação que vem do arrependimento — e isso não é apenas um princípio humano, mas um princípio estabelecido no Reino:

> *"Arrependam-se, pois, e voltem-se para Deus, para que os seus pecados sejam cancelados, para que venham tempos de descanso da parte do Senhor [...]" (Atos 3:19-20).*

O arrependimento será importante em qualquer avivamento que as mulheres experimentem na nossa cultura, porque historicamente vemos evidências desse padrão. Mas também não podemos esperar ver avivamento se não começarmos com o arrependimento, porque, sem um coração verdadeiramente contrito, é muito mais provável que voltemos à escravidão da nossa cultura. Se não fizermos uma pausa e dissermos a Deus que sentimos muito por não acreditarmos que o nosso corpo é algo bom e vivermos de tal forma, não experimentaremos a renovação que manterá a nossa alma avançando. E se simplesmente tentarmos modificar o nosso comportamento em vez de

Acolhendo o avivamento

rendermos o nosso coração, não veremos o tipo de fruto verdadeiro e duradouro que nos motivará a continuar.

A palavra para arrependimento em Atos 3:19 é μετανοέω, ou *metanoeó*, que significa dar a volta, mudar de ideia, pensar de forma diferente a partir de determinado ponto. Já falamos sobre como estamos sujeitas a acreditar e aceitar o que nos é dito quando somos jovens. Contudo, esse não é mais o caso agora que somos adultas. Temos a oportunidade de declarar a nossa lealdade ao Reino e adotar um sistema de crenças sobre o nosso corpo que esteja enraizado na verdade, na beleza e na concordância com o que Deus diz sobre nós.

Agora que tivemos os nossos olhos abertos para a ótima notícia de que Deus diz que o nosso corpo é algo bom, reconhecemos que temos a capacidade de concordar com essa verdade, renomeando o nosso corpo e o das pessoas ao nosso redor como algo bom. Sabemos que podemos deixar o nosso corpo descansar, não apenas fisicamente, mas de uma maneira profunda e espiritual, parando de fustigar o nosso corpo e de tratá-lo como um projeto. Podemos experimentar Jesus por meio da restauração, usando o nosso corpo não como uma reflexão tardia, mas como o espaço no qual o adoramos e lhe damos glória. Além disso, porque há tanta luta relacionada à forma como as mulheres veem o próprio corpo, este alicerce firme da imagem corporal pode ser um espaço no qual testemunhamos o avivamento chegar à nossa cultura, às mulheres da nossa geração, não importa qual seja a idade.

Muitas de nós passamos de ver o nosso corpo como inimigo ou como o lugar mais prejudicado da nossa vida para vê-lo como solo fértil no qual os frutos crescem. Passamos de ver o nosso corpo como a nossa maior fraqueza para vê-lo como a área na qual temos o maior poder potencial, no qual a força de Deus brilha na escuridão.

Mas vamos parar aqui? Vamos mudar de mentalidade? Vamos compartilhar esta mensagem? Vamos avançar e continuar nos arrependendo? Ou voltaremos para a escravidão que sempre conhecemos?

A GLÓRIA ME MANTÉM FIRME

Se queremos ver um *tsunami* de avivamento em relação à maneira como as filhas de Deus encaram o próprio corpo, precisamos começar com o arrependimento.

Nada ensina mais o arrependimento do que ter uma filha que está observando cada um de seus movimentos.

O nascimento e a chegada da minha filha Gloriana, de fato a mera presença dela, constantemente me fizeram levantar perguntas difíceis: *O que ela ouvirá a mãe dizer sobre o próprio corpo? O que ela está aprendendo comigo? O que ela está absorvendo?* Mas, se você perguntar a qualquer pessoa que conhece a Glória,[6] elas confirmarão que ela é uma líder nata. Desde o momento em que nasceu, ela tem transformado a cultura a seu redor. E, embora eu saiba que ela está me observando e me ouvindo, também a estou observando e ouvindo, e aprendo muito enquanto faço isso.

É difícil dizer se a minha determinação de não falar sobre o meu corpo de forma negativa influenciou a Glória ou se ela simplesmente sempre amaria o próprio corpo. Eu sei apenas que, durante os anos de formação da minha filha, Deus trouxe cura para a minha vida, e isso gerou muitos frutos. Eu corri maratonas e usei *jeans* de cintura alta, recusando-me a adotar a expressão "o peso da gravidez", quando a cultura dizia que eu deveria cortar calorias e esconder o meu corpo.

---

6   N. da T.: A autora faz um trocadilho com o nome da filha Gloriana e o termo *Glory*, em inglês, em referência à glória de Deus.

Enquanto a maioria das mulheres da minha idade prometia usar um maiô e esconder suas estrias, eu decidi que o meu corpo é o meu corpo e não adianta mais tentar escondê-lo. Não estou usando biquínis fio dental nem nada, mas também não estou esperando ter uma barriga tanquinho para usar um biquíni de duas peças, sabe?

Eu fazia perguntas difíceis a mim mesma, como: *O que ela ouvirá você dizer sobre o seu corpo?* E, surpreendentemente, eu via o fruto disso tudo — na minha filha. A Glória sempre amou seu corpo e amou como Deus a criou desde que realmente teve capacidade de perceber isso. Ela se alegra em como a sua imagem reflete a imagem dele, sorri para o próprio reflexo, e ri das suas "imperfeições". Eu a pegava, desde os oito anos de idade, vendo um vislumbre de si mesma no espelho e sorrindo com encanto. Ela não é egoísta nem orgulhosa de sua aparência, mas ama quem Deus a fez ser. E ela deve amar mesmo. Ela é uma obra de arte miraculosa. E digo isso com toda a convicção do meu espírito.

À medida que eu trabalhava para ser um exemplo do tipo de autoimagem que esperava que a minha filha tivesse, via o fruto nessa pequena mulher que estava amadurecendo diante de todos, dentro da minha própria casa. E a liberdade feroz dela me levou a querer permanecer na minha própria liberdade. Eu não queria desfazer o incrível trabalho de Deus, começar a retroceder ou adquirir limitações que ele nunca impôs sobre mim. A Glória me faz querer continuar avançando, encontrando mais liberdade, graça e fé na bondade de Deus a cada passo.

Mas, porque a vida continua acontecendo e a cultura continua impactante e presente, eu preciso continuar me arrependendo. Preciso continuar dizendo a Deus que sinto muito. Ele continua mostrando áreas nas quais valorizo o que o mundo me diz em vez de glorificar aquilo que ele diz. O Espírito Santo,

com amor e gentileza, me revela motivações egoístas ou desejos de aprovação que estão fervilhando logo abaixo da superfície da minha alma. Eu preciso fazer uma pausa, expor o meu
coração à luz do amor e da verdade de Deus e voltar para ele
mais uma vez.

Acho que posso dizer que, na minha casa e no meu coração, experimentei um avivamento. Eu passei de várias formas
de alimentação desordenada para a liberdade de ouvir a Deus
quando estou com fome e sobre o que quero comer. Passei
de odiar o meu corpo para realmente apreciar como Deus
o fez. Passei de usar roupas como uma máscara para esconder o que eu não amo para escolher as roupas que visto com
intenção, porque cor e forma parecem uma maneira de iluminar o meu mundo em adoração. Exercito o meu corpo não
como uma punição, mas como um louvor — como uma exploração do que Deus me capacitou a fazer. Descanso quando
preciso, porque sei que Deus dá descanso a quem ele ama.

Foram anos de trabalho no coração (não necessariamente
com a adesão de passos ou programas, por isso tenho perma-
necido tão hesitante em lhe dar algo desse tipo); foram anos
de luta com esta afirmação até eu acreditar com todas as minhas forças: *O meu corpo é algo bom.*

Mas eu já vi avivamentos. Vi a parte mais morta e deterio-
rada da minha vida se tornar uma das mais frutíferas. Vi a
cor voltar. Vi a cura. Eu me senti amada por Deus. Ele desper-
tou o meu desejo de compartilhar esta mensagem e de ver o
maior número possível de mulheres caminhando em liberdade. Tudo o que quero fazer é convidar você a se juntar a mim
neste compartilhamento.

Eu a amo demais para pedir que você se associe a algo
impossível. Mas Deus e Gloriana me mostraram que o avivamento é real — está ao nosso alcance, se continuarmos

fazendo as perguntas difíceis, buscando ver os frutos na vida de outras mulheres, correndo em direção à liberdade e afastando-nos da escravidão, e se continuarmos nos arrependendo quando necessário.

O avivamento está à nossa espera.

PERGUNTAS

Se o arrependimento, a oração e o retorno são a maneira como o avivamento começa, você está "dentro" disso?

•

Você permanece atenta às outras mulheres que estão caminhando em liberdade? O que acontece quando você vê esse tipo de resultado?

•

Na sua opinião, qual é a probabilidade de que as mulheres do nosso tempo e da nossa cultura possam ter uma libertação do forte domínio da imagem corporal negativa?

•

Qual foi a última vez que você disse a Deus que sente muito pela forma como tratou o seu corpo?

PALAVRAS DAS NOSSAS AMIGAS

Kim: *Vamos lá! Estou totalmente "dentro". Estou pronta para compreender e experimentar como é estar "maravilhada com Deus no meu corpo". Eu desejo desesperadamente fazer parte desse avivamento, tanto por mim mesma quanto pelas minhas filhas e pelas mulheres desta geração.*

Vou ser muito honesta e confessar que nunca me arrependi pela maneira como tratei o meu corpo. Não foi porque eu estava sendo conscientemente rebelde, mas simplesmente porque não percebia que essa era uma área da vida que eu estava ocultando de Jesus. Agradeço a Deus por essa revelação! Estou me aproximando dele com um coração rendido e permitindo que ele ilumine essa área da minha vida que esteve escondida por tanto tempo! Vou começar a buscar a liberdade e o avivamento para mim e para as outras mulheres. Quero ser uma defensora das outras mulheres, e isso começa por mim. O avivamento no meu próprio coração, nessa área da minha vida, começa com o arrependimento e a busca pela liberdade. Não vou perder esta oportunidade!

10.
O SEU CORPO NÃO É UM TROFÉU

Troféus são coisas engraçadas. Supostamente, deveríamos ter um senso pessoal de realização por causa de um falso pedaço de plástico dourado que foi adquirido em um catálogo online. É importante notar que a falta notável de troféus na minha prateleira provavelmente me conferiu essa perspectiva. Então, se você tem um milhão de troféus e enxerga isso de maneira diferente, graça e paz para você.

Eu tinha cerca de nove anos de idade quando entrei para a equipe de T-ball[1] da Capital Textiles. Lembro-me do primeiro treino e da reunião de pais. Lembro-me de como o técnico parecia exatamente como um treinador da segunda divisão que você veria na televisão. Lembro-me de ser a única menina na equipe, e lembro-me de não amar necessariamente a ideia de jogar T-ball. Não consigo me lembrar se reclamei explicitamente por ter de participar ou se apenas aceitei, mas sei que a minha mãe estava apenas tentando me fazer bem quando me inscreveu no esporte, então acho que provavelmente deduzi isso e apenas segui o fluxo.

Eu era muito, muito ruim no T-ball. E os meninos da minha equipe pareciam realmente se importar em ganhar, o que eu não conseguia entender plenamente, então eu causava muita,

---

1   N. da T.: Modalidade de beisebol adaptada para crianças da pré-escola e do Ensino Fundamental.

muita irritação neles. Mas havia um lado bom. Mais ou menos na metade da temporada, eles me deram um apelido, e eu simplesmente *amei*: *Lightning* [Raio]. Isso porque eu era extremamente rápida, é claro! Tentei viver à altura desse apelido — garanto a vocês, houve momentos em que devo ter sido um borrão correndo pelas bases de tão rápido que fazia isso. Até perguntei aos meus companheiros de equipe: "Vocês realmente conseguiram me ver? Eu estava indo rápido demais!"

Eles inscreveram o nome *Lightning* no meu troféu, e admito que levei isso um pouco longe demais. Coloquei adesivos de raios no meu caderno da escola, comprei brincos de raios para usar e até considerei fazer um pequeno raio raspado no meu corte de cabelo estilo *undercut* dos anos 90, mas alguém inteligente me impediu de prosseguir.

Em algum momento, fui informada de que eles me apelidaram de *Lightning* porque eu era, na verdade, *lenta*.

Eu joguei fora o troféu.

Estou ressentida em relação aos troféus, ok? Eles não são a coisa que mais amo na vida.

Troféus não são necessariamente a melhor coisa para aquelas de nós que têm a mente no reino de Deus e vivem com um foco eterno. Parece que os troféus nos fazem acreditar que a melhor coisa que podemos fazer é acumular aprovação na Terra, mesmo que a aprovação do nosso Pai seja a coisa mais importante. Parece que os troféus são imagens que dão glória *a nós*, em vez de colocá-la onde ela realmente pertence: aos pés de Jesus.

Não estou dizendo que devemos queimar todos os nossos troféus, mas talvez valha a pena considerar por que os buscamos, por que os mantemos e talvez até perguntar: *Será que estamos dando a esses símbolos um valor excessivo? Será que estamos atribuindo importância demais a eles?*

O seu corpo não é um troféu

Primeiro, não vamos acreditar nem por um segundo que a nossa obsessão por prêmios e reconhecimentos terminou quando ficamos adultas. Todas nós desejamos receber a nossa própria versão de reconhecimento. Aqui estão alguns desejos de reconhecimento que parecem prevalecer entre aquelas de nós que já se formaram no Ensino Fundamental:

Queremos entrar para a lista de honra do colégio ou da faculdade.

Queremos receber bolsas de estudo.

Queremos ser reconhecidas nas reuniões de trabalho.

Adoraríamos receber um agradecimento publicamente.

Seria legal se o pastor mencionasse o nosso nome no púlpito.

Queremos ser mencionadas na dedicatória de um livro.

Queremos que alguém nos chame de melhor amiga.

Queremos que nos marquem naquela postagem popular e legal nas redes sociais.

Queremos ter muitos seguidores no Instagram.

Medimos o nosso crédito financeiramente.

E tratamos o nosso corpo como o troféu máximo.

Dizer a uma amiga que ela emagreceu de alguma forma se tornou o elogio máximo. Quando superamos o absurdo cultural de comentar sobre o peso literal das pessoas, encontramos outras formas de notar e de nos reconhecer umas às outras pela aparência. Essa prática não se limita apenas à cultura cristã, mas é apenas uma medida do mundo que nós adotamos por completo. Até mesmo adicionamos peso espiritual para apoiá-la, seja intencionalmente ou não.

Celebramos quando uma amiga "se recupera" rapidamente após ter um bebê, glorificamos a "transformação" (uma fase em que uma adolescente passa de uma aparência desajeitada para incrível, de acordo com os padrões mundanos), elogiamos umas às outras quando comemos menos e chamamos isso de "autocontrole". Em resumo, tendemos a transformar algo espiritual em algo que Deus nunca ordenou.

Tratamos o nosso corpo como um troféu, uma estátua que representa o que idolatramos: a aprovação e a atenção dos outros. Isso é problemático, acima de tudo, porque essa glória pertence a Deus.

E se a gota d'água, a coisa que inclinará a balança em direção ao avivamento, for a decisão contracultural de que qualquer distinção ou honra que recebermos será colocada aos pés de Jesus? E se decidirmos que renunciaremos a qualquer troféu ou prêmio que recebermos? E se nos preocuparmos menos com a quantidade de elogios que podemos conquistar e, em vez disso, usarmos a nossa energia para adorar Jesus? E se o avivamento vier à nossa comunidade porque quebramos a matriz e gritamos para o Inimigo: "Nunca foi necessário tornar o nosso corpo melhor! Ele já foi criado e reconhecido como algo bom!"?

E se o avivamento vier porque decidirmos desde o princípio que o nosso corpo não é um troféu?

POR QUE OS TROFÉUS PRECISAM SER QUEIMADOS

As mulheres da minha família, mulheres do Novo Sul que somos, temos algumas frases tão sulistas e açucaradas que vão fazer os seus dentes doerem. Mas é difícil parar de usá-las.

"Mais joias na sua coroa!", nós gritamos quando vemos umas às outras fazendo algo sagrado, algo virtuoso, algo frequentemente invisível. Quando você é gentil com a senhora implicante na igreja que sempre tenta ser secretamente malvada com você, é hora de dizer: "Mais joias na

O seu corpo não é um troféu

sua coroa!" Quando cuida dos filhos da sua irmã mesmo tendo uma semana de trabalho muito cheia e difícil, é hora de dizer: "Mais joias na sua coroa!" Quando é pega limpando a bagunça que outra pessoa fez, é hora de dizer: "Mais joias na sua coroa!"

Digo isso às minhas irmãs porque sei que elas entendem o evangelho, a verdade de que Jesus é suficiente quando elas não são. Digo isso a elas porque sei que elas não acreditam que podem conquistar seu caminho para o céu, e porque a ideia de uma coroa celestial está enraizada nas Escrituras.

Tiago 1 e Apocalipse 2 falam sobre a "coroa da vida" que será dada a quem sofre e persevera sob provações. A "coroa incorruptível" também é mencionada em 1Coríntios 9 e será concedida a quem demonstra autonegação e perseverança. O texto de 2Timóteo 4 fala sobre uma "coroa da justiça" para quem antecipa a segunda vinda de Jesus, e há uma "coroa da glória" para quem ministra e prega o evangelho em 1Pedro 5. A minha expressão favorita, a "coroa em que nos gloriamos", aparece em 1Tessalonicenses 2, para quem se envolve em evangelismo fora da igreja cristã. Se você já conheceu um evangelista, alguém que é apaixonado por ver outras pessoas caminhando com Jesus, aposto que consegue imaginá-lo se regozijando *muito* no céu.

E, então, há a passagem em Apocalipse que descreve o que acontecerá quando os anciãos colocarem suas coroas aos pés de Jesus:

Toda vez que os seres viventes dão glória, honra e graças àquele que está assentado no trono e que vive para todo o sempre, os vinte e quatro anciãos se prostram diante daquele que está assentado no trono e adoram aquele que vive para todo o sempre. Eles lançam as suas coroas diante do trono e dizem:

"Tu, Senhor e Deus nosso, és digno de receber a glória, a honra e o poder, porque criaste todas as coisas, e por tua vontade elas existem e foram criadas" (Apocalipse 4:9-11).

As Escrituras falam sobre uma recompensa celestial pelo trabalho eterno, mas, mesmo assim, deixam claro que seremos compelidas a devolver esses troféus e recompensas ao trono. Quaisquer joias que houver na sua coroa, eu sei que você as considerará como nada quando encontrar a graça e a glória de Deus. Quaisquer troféus que conquistarmos ao longo da nossa trajetória, nós os redirecionaremos alegremente para Deus, porque é ele quem os merece.

Mas não se engane! Esses troféus, essas coroas, essas joias, esses presentes de glória reluzente são sobre o *trabalho eterno* e têm um *valor eterno*. Eles não são o nosso corpo. O nosso corpo não é um troféu. O nosso corpo é um templo do Espírito Santo, o lar da nossa alma destinada ao céu. Não passa de um truque, uma ferramenta, uma tática do inimigo da nossa alma para nos fazer acreditar que o valor do nosso corpo é de alguma forma determinado pela opinião ou percepção humanas.

O seu corpo não é a coroa que você vai colocar aos pés de Jesus. A sua beleza não é a joia que você vai devolver a ele. O seu corpo é algo bom porque ele o criou, mas não é a coisa mais importante sobre você. O seu corpo não pode ser a melhor coisa sobre você, simplesmente porque você é muito mais do que o seu corpo. E todas nós veremos cura, restauração e avivamento quando decidirmos parar de concordar com qualquer ideia que promova tal pensamento.

E, ENTÃO, O QUE VOCÊ DIZ?

Há algo engraçado em assumir o papel de advogada do Diabo. Assumimos esse papel de advogadas do Diabo quando apoiamos o lado oposto de um argumento apenas para destacar o mérito potencial de uma ideia contrária. É uma daquelas frases que simplesmente aceitamos como parte da nossa linguagem cultural, e às vezes até somos vistas como maduras e ponderadas quando desempenhamos esse papel ou permitimos que outra pessoa o faça.

Contudo, quando se trata do que Deus falou sobre o seu corpo, você realmente quer advogar em favor do Diabo? Você quer gastar até mesmo um único momento da sua preciosa vida lutando pela causa do Inimigo? Ok, talvez nem sempre saibamos onde está a linha tênue que separa o bem e o mal em cada argumento. Talvez algumas coisas estejam em áreas cinzentas, que valem a pena ser mensuradas e avaliadas de todos os lados. Mas esse é realmente o caso aqui? Vamos revisitar o que sabemos ser verdadeiro a respeito deste tópico.

Deus criou e reconheceu o nosso corpo como algo bom (cf. Gênesis 1:31). O inimigo da nossa alma (o Diabo) tentou os seres humanos com a intenção de permitir que o pecado entrasse no mundo e, assim, nos causasse uma experiência de quebrantamento neste corpo bom (cf. Gênesis 3:1-7).

Pessoalmente, não sou muito tentada a ser defensora do Diabo nessa área.

Deus se importa com o que acontece com o nosso corpo (cf. Mateus 6:30). Ele não quer que experimentemos dor, dano ou fraqueza. O Inimigo vem para matar, roubar e destruir o nosso corpo. Ele usa doenças, abusos, o ambiente, o pecado das outras pessoas e a deterioração da terra para fazer exatamente isso (cf. João 10:10).

Continuo não querendo fazer parte do time dele aqui. E você?

Deus valoriza as mulheres, a *totalidade* do que elas são e o lugar delas em seu Reino. Satanás (o nosso inimigo, o Diabo) perpetua uma campanha contra as mulheres que as desvaloriza, as objetifica e as condena continuamente pela medida de beleza percebida e determinada pelo mundo. Isso leva à imagem corporal negativa, a distúrbios alimentares, traumas, maus-tratos corporais e uma série de outros problemas terríveis.

Então, você pode estar se perguntando: "Isso significa que você não se orgulha do seu corpo? Significa que você não gosta quando está bonita? Significa que você não usa maquiagem?"

Não, querida! Eu amo o meu corpo. Ele é algo muito bom. Eu amo celebrar como Deus o criou e amo dar glória a Deus exatamente com este corpo. Quando uma amiga me diz que estou bonita, coloco um sorriso no rosto e digo: "Obrigada!" Eu não discuto nem levanto dez razões pelas quais ela está errada. Eu agradeço a Deus por ter criado todas e cada uma de nós tão interessantes e distintas, e eu o louvo pelas maneiras como ele me criou de modo único. Eu celebro quando o meu corpo cresce em força e pode fazer algo novo. Faço paradas de mão, corro maratonas e pulo na cama elástica com os meus filhos. Mas me esforço para não perder a esperança também quando o meu corpo não consegue fazer algo, como abrir um espacate ou pular na cama elástica sem fazer xixi nas calças (garotas com vinte e poucos anos ou menos, vocês ainda não sabem disso, mas acontece...).

Aqui estão algumas das maneiras que aprendi a usar quando quero responder a comentários sobre o meu corpo, não importa se eles estão ecoando a boa verdade de Deus ou talvez jogando um pouco de advogado do Diabo:

Você está linda!
A minha resposta: "Obrigada!"
Parece que você perdeu peso!
A minha resposta: "Ah, é? Isso é interessante." (Faço uma expressão facial para mostrar que essa não é uma conversa na qual estou disposta a me envolver.)
O que quero dizer é: "Acho interessante que você use o peso como uma característica definidora de valor e beleza." Se a pessoa continuar insistindo, continuar comentando, eu posso até chegar a abrir uma discussão a respeito. Devo apenas ser educada e dizer obrigada? Eu acredito que não.
Você tem feito algo diferente?
A minha resposta: Se eu tiver feito algo diferente, vou contar a quem fez a pergunta. Se não, um simples "não" será suficiente.
Você parece tão magra hoje!
A minha resposta: "Interessante. Espero que eu continue parecendo comigo mesma! Eu adoro a minha aparência."

Descobri que é útil ter respostas planejadas, para não ser pega desprevenida. Confio que você encontrará uma linguagem que pareça verdadeira para você, mas peço que se lembre de duas coisas quando o seu corpo se tornar o tema principal da conversa:

1. *Manter o* status quo *significará manter o* status quo. Se você deixar que a sua preocupação em parecer inadequada ou se deixar que algo dito fora do comum influencie as suas decisões, assim será. Se escolher a polidez como tática para evitar conflitos quando algo injusto for dito,

você manterá o *status quo*, mas potencialmente perderá uma oportunidade de crescimento.

2. *Ser simpática não é a estratégia que vencerá as fortalezas espirituais.* Em 2Coríntios 10, o apóstolo Paulo nos diz para levarmos cativo todo pensamento que se levante contra o conhecimento de Deus. Não preciso tratar o pecado com educação e não sou obrigada a responder com doçura à opressão. Não preciso ser rude, mas não serei levada de volta à escravidão em nome dos sentimentos das outras pessoas.

Destruímos argumentos e toda pretensão que se levanta contra o conhecimento de Deus e levamos cativo todo pensamento, para torná-lo obediente a Cristo (2Coríntios 10:5).

Não veremos o avivamento a menos que nós nos arrependamos e abandonemos a ideia de que o nosso corpo é um troféu, ou de que ele está sujeito à consideração ou ao escrutínio da nossa cultura e de cada pessoa que encontramos.

Aqui está o meu presente para você: quando as conversas se tornarem realmente desconfortáveis, você sempre pode entregar a elas sua própria cópia desgastada deste livro. Eu posso segurar o rojão no seu lugar.

O seu corpo não pertence ao mundo para ser julgado. O seu corpo não é um projeto, muito menos um indicador de retidão. O seu corpo não é um troféu nem a melhor coisa sobre você.

Se, pela graça, por meio da fé, você é seguidora de Jesus, você é uma filha do Deus Altíssimo. Você foi criada com propósito e criatividade, celebração e excelência. O seu corpo foi criado e declarado como algo bom pelo Criador supremo, o Juiz, o Salvador e o Herói do mundo. Ele lamenta a confusão do pecado e da decadência em que vivemos, mas não nos abandona — ele traz redenção e restauração para o nosso corpo. E ele nos promete um dia em que a nossa casca terrena será uma lembrança distante, uma sombra, um vapor do que costumava existir.

O seu corpo é algo bom. O mundo está errado. O Inimigo é um mentiroso. Descanso, restauração e avivamento estão ao seu alcance. Vamos atrás disso.

COLOCANDO EM PRÁTICA

Vamos colocar a verdade em ação e continuar com o nosso ritmo de não apenas reter conhecimento, mas praticar a verdade.

Primeiro, algumas perguntas difíceis:

1. *Você deseja avivamento?*

   No que diz respeito ao corpo das mulheres e a seu valor, você prefere que as coisas continuem do jeito que estão? Você aprecia o *status quo*? Você vê algum benefício em como a situação está? O que você tem a perder se as mulheres começarem a acreditar que o corpo delas é algo bom?

2. *Você sabe o que há de bom em você?*

   Se o nosso valor não for mais medido pela aprovação dos outros em relação ao nosso corpo, você consegue identificar prontamente onde está o seu valor?

3. *Você está disposta a passar por momentos de desconforto para combater as fortalezas da imagem corporal negativa?*

   A pergunta por trás dessa pergunta é: "Valorizamos mais ser vistas como normais do que seguir a Jesus?

Valorizamos mais ser aceitas do que desejamos liberdade para quem está ao nosso redor?"

Agora, vamos experimentar algumas práticas que podem nos trazer vida:

1. *Preste atenção em como você faz elogios às outras pessoas.* Seja cautelosa e cuidadosa ao elogiar. Experimente encorajar as outras pessoas com frases e palavras que não estejam alinhadas com a percepção do mundo sobre como as mulheres devem parecer.

   Diga às suas amigas que elas parecem poderosas.

   Diga que você está orgulhosa de quão obedientes elas são. Elogie quando elas usarem seus dons espirituais.

   Diga que elas parecem maravilhosas, radiantes, vivas, fascinantes ou exuberantes.

   Melhor ainda, diga a elas tudo o que é incrível sobre elas que não tenha nada a ver com o corpo físico.

2. *Preste atenção em como você recebe elogios ou comentários sobre o seu corpo.* Quando as pessoas disserem coisas negativas, pratique a ambivalência e/ou redirecione-as. Não tenha medo de se manter neutra ou até mesmo rejeitar o que parece não vir de Deus.

3. *Pense nos seus troféus.* Em quais armadilhas deste mundo você confia como fontes do seu valor? Não paremos na imagem do nosso corpo; continuemos até nos lembrarmos de onde vem o nosso verdadeiro valor. Vamos buscar avivamento em todos os lugares, amém?

11.

A LIBERDADE COMEÇA HOJE

Eu aprecio uma linha do tempo bem-feita e bem apresentada. Acho o máximo rastrear cronologicamente os movimentos de Deus através de datas e eventos concretos, quando sua graça é derramada.

Recentemente, no casamento de uma das minhas melhores amigas, fiz um discurso como dama de honra na forma de linha do tempo, listando os marcos do relacionamento daquele querido casal. Tive o privilégio de testemunhar a bondade de Deus, sua graça, os pequenos momentos românticos e os grandes blocos de construção do relacionamento que eu havia presenciado ao longo do caminho. Falei sobre a ocasião em 2017, quando Kristen corajosa e humildemente me disse que estava orando para encontrar seu marido no próximo ano. Compartilhei a ocasião em que, alguns meses depois, o nosso amigo Tyler me disse que estava se preparando para convidar Kristen para um encontro em frente à minha casa, enquanto eu observava pela janela. Lembrei-os da ocasião em que eles vieram para um jantar bem simples com a nossa família, e eu os observei interagindo com tanta intimidade, sabendo que eles se casariam.

Muitas vezes, ao simplesmente expor os fatos, vejo um testemunho do poder e da presença de Deus. No decorrer dos anos, aprendi que você não saberá reconhecer quando obtém o que deseja se não tiver um ritmo que a ajude a reconhecer quando isso acontece. Então, por mais que eu tenha tentado não tornar este livro uma ode à minha própria história, sei que todas nós queremos nos libertar da vergonha do corpo, e eu gostaria de reconhecer que Deus me deu isso. Posso compartilhar algumas datas com você?

Nasci em 17 de agosto de 1984.

No verão de 1993, fiz a viagem de carro descrita no primeiro capítulo, durante a qual orei para perder as partes "extras" do meu corpo. Os anos seguintes foram marcados por memórias de perceber que o meu corpo não era considerado algo "bom" pelo mundo para uma menininha. Houve pausas dolorosas nos parquinhos, tempestades secretas de vergonha que vivi nos provadores de roupas e palavras prejudiciais ditas sobre o meu corpo.

Frequentei a segunda parte do Ensino Fundamental de 1995 a 1998 e lembro-me de me sentir insegura e bem consciente de que o meu corpo era um pouco diferente. Na maioria das vezes, não me lembro de me importar muito com isso.

Os tempos no Ensino Médio foram diferentes. Quando iniciei, estava no meu 14º aniversário — 17 de agosto de 1998. Desde o primeiro dia, senti que o meu corpo estava sendo medido quanto à aceitação e desejo. Passei os primeiros anos do Ensino Médio experimentando diferentes estratégias para ser aceita e desejada. Essas tentativas me deixaram sentindo-me frágil, usada e faminta.

Nos anos finais do Ensino Médio, as coisas melhoraram. Eu conheci Jesus! Eu tinha amigas e amigos cristãos incríveis, um namorado que amava a Deus e que também me amava, e gostava de me divertir com a minha turma e viver uma vida que parecia muito livre. Notei o meu peso aumentando, mas sentia muito pouco vergonha em relação a isso. Realmente parecia

A liberdade começa hoje

algo que eu percebia, mas não algo que me incomodava. O que me lembro desses anos é dançar com as minhas amigas ao som de Destiny's Child, ler muito a minha Bíblia porque nunca era o bastante para me saciar, comer pizza com o meu namorado e ter a coragem de ensinar ginástica para menininhas mesmo sem conseguir fazer uma cambalhota. Não sei quem me deu aquele emprego, mas sei que foi Jesus quem me deu essa liberdade depois de alguns anos no cativeiro.

Durante o meu primeiro ano na faculdade, conforme o meu peso continuava a aumentar, percebi como isso estava afetando a minha saúde e a minha capacidade de me movimentar e acompanhar as minhas amigas e os meus amigos. Era um pouco preocupante, mas o que mais me preocupava era como de repente eu me sentia muito "diferente" das outras garotas. Não era apenas uma questão de tamanhos de roupa distantes, mas também comecei a notar que as pessoas faziam suposições sobre mim ligadas ao meu peso: suposições de que eu era uma pessoa desorganizada, desajeitada, preguiçosa. Eu não gostava dessas suposições nem de como era a minha vida de acordo com elas, mas eu *também* fiz muitas suposições sobre quanto as pessoas me amavam e por que elas talvez não amassem. Deixei o alojamento no verão, no dia 9 de maio de 2003, e fiz uma promessa silenciosa de não voltar da mesma maneira que estava partindo.

O verão de 2003 foi quando as coisas ficaram realmente difíceis para mim. Eu estava fazendo acordos com o Inimigo sobre o meu valor, a minha importância e o que me tornava uma pessoa amável. Comecei a experimentar diferentes tipos de comportamentos e distúrbios alimentares, alguns que pareciam socialmente aceitáveis para as outras pessoas, e outros que mantive escondidos porque sabia que não seriam. O meu corpo mudou, e as pessoas me elogiaram por isso.

Quando voltei para a faculdade no outono, eu não apenas parecia diferente — eu agia diferente. Não havia espaço para ser desorganizada, desajeitada ou preguiçosa. Eu fazia exercícios duas vezes por dia, rastreava cada migalha que entrava no meu corpo, trabalhava meio período em uma igreja fora do *campus* e me dedicava 110% em cada aula porque eu queria ser vista como uma pessoa de alto desempenho, não como uma garota desajeitada que não conseguia acompanhar o ritmo. Eu estava miserável e estressada, mas altamente funcional e me alimentava dos elogios das pessoas a quem eu amava.

Esse comportamento alimentar desordenado e não saudável continuou de 2003 até 2005, quando me casei com aquele incrível namorado do Ensino Médio — aquele que amava o meu corpo em diferentes tamanhos e formas. O dia do meu casamento parecia ser um exame que eu faria para finalmente receber o selo de aprovação com respeito ao corpo que havia desejado compulsivamente nos últimos anos. Lamento que eu tenha ficado distraída ao focar no meu corpo naquele dia, porém, mais do que isso, lamento que o meu comportamento insalubre tenha me levado a estabelecer um padrão para mim mesma que nunca deveria ter sido estabelecido. Por anos, tentei voltar ao peso do meu dia do casamento, como se aquilo fosse o auge da perfeição, como se fosse algo que eu pudesse alcançar sem causar sérios danos ao meu corpo.

De 2003 a 2014, será mais rápido listar as breves temporadas em que experimentei liberdade ou, pelo menos, compaixão em relação à imagem do meu corpo. Entre o nascimento do meu primeiro filho e o do segundo, senti-me plena de maneiras maravilhosas. Alegre e livre. À vontade e sem pressa para agradar a todas as pessoas. O único problema é que houve apenas quatro meses entre o nascimento do meu primeiro filho e a data em que engravidei do meu segundo — a paz foi passageira.

Decidi me tornar uma corredora no verão de 2010, para ajudar a combater a depressão pós-parto depois do nascimento do meu terceiro filho. Explorei novas áreas de força em mim naquela temporada, e passei muito tempo conversando com Deus. Eu estava tão distraída com a derrota, o desespero e o caos que os meus hormônios estavam causando na minha mente e nas minhas emoções, que não sobrava energia para sentir vergonha do corpo. Com a voz da vergonha silenciada, comecei a perceber que correr me fazia sentir forte e me trazia uma sensação diária de vitória.

Na primavera de 2011, sofri um aborto espontâneo, e a vergonha voltou, dessa vez nova e fresca, pontiaguda e cortante, em lugares muito sensíveis. Agora, eu não apenas lutava contra a sensação de ser toda demais, de ser fofa demais, de ser bagunçada demais... Eu também sentia que o meu corpo era intrinsecamente inadequado de uma maneira totalmente nova. Comecei a fustigar o meu corpo novamente; o meu exercício e a minha alimentação podem não ter parecido muito diferentes por fora, mas a motivação era privar e aperfeiçoar, não celebrar e curar.

Foi no início de 2014 que enviei um e-mail no meio da noite para Alisa Keeton, pedindo para me orientar, e foi então que comecei a orar da seguinte forma: *Deus, ajude-me a querer ver mais ao Senhor do que a querer ver o meu corpo se encaixar em algum molde culturalmente aceitável. Ajude-me a querer mais ao Senhor do que a querer que o meu corpo pareça bom para os outros. Ajude-me a acreditar no que o Senhor disse sobre o meu corpo.*

Nos seis anos desde então, Deus e eu trabalhamos muito juntos. Em corridas, na cozinha, no meu diário. Diante dos espelhos, em conversas com a minha conselheira e com as minhas amigas. Como um verdadeiro Eneagrama 8,[1] mantive essa parte muito delicada do meu coração reservada para mim mesma, compartilhando-a apenas com as pessoas mais próximas, mas sempre orei sobre escrever o livro para compartilhar a liberdade que Deus me deu.

Na primavera de 2019, tive uma reunião com a minha editora sobre o meu livro *You Are the Girl for the Job* [Você é a garota certa para o trabalho]. A conversa se desviou para livros futuros, e eu falei sobre a coisa corajosa que estava pulsando no meu coração: "Depois deste, eu gostaria de escrever um livro sobre o corpo das mulheres."

Em 4 de março de 2020, tive outra reunião com a minha incrível editora, Stephanie, apenas alguns dias antes que a pandemia do coronavírus atingisse os Estados Unidos. Conversamos novamente a respeito de um livro sobre o corpo feminino — sobre os pontos de dor das mulheres e sobre quais palavras Deus poderia nos dar para compartilhar com elas. Enquanto voava de volta para casa da nossa reunião em Nashville naquela noite, eu me inclinei sobre o meu *laptop* e digitei as palavras do primeiro capítulo. Nove dias depois, parecia que o mundo havia explodido quando o distanciamento social começou, e tudo, absolutamente tudo, parou. Deixei o livro de lado por algumas semanas.

Em 22 de abril, Stephanie e eu nos encontramos via Zoom com a intenção de falar sobre o meu próximo livro. Mais tarde, contei que havia orado para que ela tivesse uma ideia para um livro diferente — eu estava perdendo a coragem de escrever o livro sobre o corpo das mulheres. Estava muito próximo, muito real, era demais para mim ser tão vulnerável. Mas ela

---

1   N. da T.: O Eneagrama é um sistema de classificação da personalidade que descreve nove tipos principais de personalidade. O Eneagrama Tipo 8 corresponde a pessoas assertivas, determinadas e dominantes, que têm uma necessidade de controle e proteção, e tendem a ser líderes fortes e protetores.

não tinha outra ideia; em vez disso, nutria ainda mais paixão pelo projeto e me convidou a "escrever corajosamente e ver o que acontece". Anotei as palavras "escrever corajosamente" em um papel adesivo e fixei na minha mesa de cabeceira.

A minha ligação para Stephanie foi na quarta-feira, tive um dia de trabalho agitado na quinta-feira, tirei a sexta-feira e o sábado de folga e acordei domingo de manhã, às 5 horas, pronta para seguir em frente, pronta para escrever. Comecei a escrever este livro naquele dia e terminei o primeiro rascunho do manuscrito exatamente sessenta dias depois, em 26 de junho de 2020. Foram dias sagrados, belos e santos. Eu terminava de escrever de manhã e passava o dia todo pensando nas palavras que Deus havia me dado antes. Eu pensava em todas vocês, leitoras, todos os dias, e orava por vocês — orava por nós. Eu orava por avivamento e orava para que a vergonha nos deixasse, coletiva e individualmente, de forma definitiva.

Em julho, a nossa família fez um período sabático, e eu entrei em um estado de redenção que agora descrevo como um Éden restaurado. A nossa cidade estava vivendo um surto intenso de covid-19, então as viagens que planejamos para o período sabático se transformaram em uma tranquila estadia em família. Alugamos uma casa de praia em uma pequena ilha a poucas milhas da nossa casa e não fizemos nada além de passar tempo com a nossa família imediata por 31 dias. Desativamos todas as redes sociais, não trouxemos nossos *laptops* e descansamos como se a nossa vida dependesse disso. Levei alguns maiôs, vestidos confortáveis e uma cópia recém-impressa deste manuscrito. Eu estava determinada a ler o livro como se não fosse meu, a me fazer as perguntas ao final de cada capítulo, para ter certeza de que eu acreditava que ele era verdadeiro e útil para mim, assim como para você.

De manhã, eu lia a Bíblia e este livro, e passava o resto do dia vivendo livremente no meu próprio corpo. Eu me movia, descansava, vivia em uma roupa de banho sem nenhum resquício de vergonha.

Em algum momento durante o mês, cheguei à seguinte pergunta do Capítulo 7: *Como seria hoje um ato de adoração usando o seu corpo, além do típico cantar e dançar?* E escrevi "Eu me tornaria instrutora de barras" nas margens do meu manuscrito. Um ano antes, comecei a frequentar um estúdio de barras em Charleston e, desde a minha primeira aula, soube que queria ser instrutora. A dona do estúdio até sugeriu que eu fizesse um teste para ser instrutora, mas senti enorme derrota e desânimo no coração ao considerar isso. Tenho 36 anos. Tenho um corpo bem curvilíneo. Não sou uma instrutora comum de *fitness*. O meu coração está livre, mas o meu corpo não se encaixa no estereótipo típico dos instrutores de *fitness*.

Até que li este livro e me lembrei de que vivo no Reino. E, no Reino, não há algo típico; há apenas algo intencionalmente criado. E a maior adoração que posso oferecer com este corpo é dizer sim à liderança em um novo espaço corajoso, de maneira corajosa. Então, naquele dia, no meio do meu período sabático, comecei a praticar para a minha audição.

No final do período sabático, tive uma conversa com a minha mãe e a minha irmã. Elas perguntaram como o meu coração estava em relação ao livro, e eu relatei a elas quão livre eu me sentia. A minha mãe então me disse que, recentemente, meu padrasto havia dito: "Não tem nada muito diferente na aparência da Jess, mas parece que ela *se sente* bonita." Eu sorri muito. Ambas essas mulheres refletiram o que eu sentia no coração: sou livre, estou vivendo a minha liberdade, e as outras pessoas podem ver isso.

Agora é 18 de outubro de 2020. O ar está mais fresco em Charleston, e ontem comprei abóboras para a varanda da nossa casa. Já dei três aulas de barras até agora, e vou dar a quarta nesta mesma tarde. Tem sido incrível e muito divertido usar o meu corpo dessa maneira. É claro que, em cada aula, eu luto contra as mentiras que surgem sobre o meu corpo — mas, na maior parte do tempo, é um tipo de adoração incrível reunir todo o meu ser para lutar contra a vergonha, a condenação e a comparação.

Ontem, olhei para as metas que estabeleci para 2020, porque sou uma pessoa de metas. Eu tinha cinco metas principais para este ano, mas escrever um livro não estava entre elas, porque eu achava que estava tirando o ano de folga da escrita:

Criar espaço para ouvir a Deus.
Crescer em paixão no meu casamento.
Guiar os meus filhos com amor.
Curar o meu corpo.
Economizar para a próxima temporada.

Eu estava avaliando e analisando o progresso que tinha alcançado em todas essas áreas, mas percebi algo interessante sobre a meta relacionada ao meu corpo. Todo mês, reescrevo cada uma das minhas metas anuais em algum lugar próximo às minhas metas mensais para me lembrar quais são elas e, em algum momento em junho, a minha meta relacionada ao corpo se transformou.

Em vez de "Curar o meu corpo", escrevi "Viver curada no meu corpo", porque senti que a cura *já havia acontecido.*

Como esta é uma linha do tempo baseada em fatos, estou aqui para dizer que não houve mudanças nas medidas do meu corpo. Peso o mesmo que pesava em março de 2020, e a minha aparência é aproximadamente a mesma, exceto pelo fato de que o meu cabelo está absurdamente longo porque aproveitei a pandemia como uma desculpa convincente para deixar de ir ao cabeleireiro. Ainda tomo medicação para o meu distúrbio autoimune e recebo injeções de vitamina B12 uma vez por mês para aumentar a minha energia e a minha imunidade. Ainda sou do mesmo tamanho. Ainda sou eu.

Exceto pelo fato de que eu sei que sou livre. Eu sei que o meu corpo é bom. Eu sei que ele não é definido pelas expectativas ou pelas características deste mundo caído que o fazem sentir dor.

Eu amo este corpo. Ele respira, se move e constrói o reino de Deus. Ele cresce, suspira e dá abraços calorosos. Ele me proporciona um lar para experimentar o céu aqui na terra; ele me dá espaço para ficar quieta e reclusa quando o mundo parece estar fora de controle. Quero que ele experimente a cura definitiva que está a caminho na eternidade, mas não quero descartar este corpo como se ele fosse sempre ruim. Quero passar o resto da minha vida mostrando gratidão e graça por este corpo específico que Deus colocou intencionalmente em mim. Eu amo este corpo.

E, se eu pudesse lhe dar uma pílula ou dizer para você fazer uma oração especial e sentir-se assim, eu faria isso. Eu daria isso de graça para você. Porque agora sei que é possível para uma mulher que sentiu as profundezas da dor e do ódio em relação à sua própria carne se sentir grata e cheia de gratidão. Mas a melhor coisa que posso lhe dar é o caminho que percorri.

Renomeie o seu corpo como algo bom, assim como Deus fez. Ele a chamou assim no início. Concorde com ele. Mude a sua linguagem, e veja a cultura mudar ao seu redor. Anuncie vida, e veja a vida refletida de volta para você.

Dê descanso ao seu corpo, deixe de fustigá-lo e de tentar fazê-lo se tornar melhor. Pare de tratar o seu corpo como um projeto

A liberdade começa hoje

a ser concluído e dê espaço para ele respirar. Pare de tentar vencer a maldição e pare de exigir que o seu corpo seja melhor. Diga sim ao descanso que Deus providenciou.

Encontre restauração por meio da adoração. Deixe o seu corpo ser um lugar onde você veja a Deus. Veja a graça dele e também o veja trazer crescimento à sua vida. Permita que Deus mude a sua mente sobre o que o seu corpo pode fazer e para que ele serve. Adore enquanto come, bebe, se move e experiencia o seu corpo. Você foi feita para isso.

Busque a restauração para si mesma e para as pessoas. Isso é o que sela a cura. Não posso sinceramente querer que você experimente a verdade no seu corpo se eu não estiver experimentando isso também. Quando mergulhamos nas águas do arrependimento, da intercessão e do avivamento — quando nos aprofundamos a ponto de cuidar não apenas de nós mesmas, mas das outras pessoas também, não podemos deixar de ser lavadas pela misericórdia de Deus. Não molhe apenas os pés nas águas rasas da liberdade — mergulhe e chame as outras pessoas para se juntarem a você. Mergulhe na correnteza e se deixe levar. Este é um lugar seguro para se deixar levar.

Eu sei que esse caminho mudou a minha vida. Eu sei que vivo livre neste corpo bom. Eu quero o mesmo para você também.

Se o Filho a libertar, você será verdadeiramente livre.

Deus *comprou* a sua liberdade e preparou um caminho para que você possa percorrê-lo.

Que testemunhos você contará sobre o seu corpo? Sobre as semanas e os anos que virão? Que data você escreverá como o momento em que começou a acreditar que o seu corpo é realmente bom e a viver dessa maneira?

Será hoje?

COLABORADORES

Ariana é uma latina orgulhosa e uma ministra do evangelho de terceira geração. Ela passou a vida adulta dedicada ao discipulado de mulheres. Sua unção como professora da Palavra de Deus inspira outras pessoas a buscarem uma vida transformadora com Jesus.

Jensine é uma mãe asiático-americana na faixa dos trinta anos que vive com seus dois filhos na área da Baía de São Francisco. Ela é uma profissional de marketing que ama esportes e livros. Depois de temporadas difíceis pós-parto, ela está aprendendo a construir força física e espiritual para ser mãe e para ministrar.

Jillana é uma cantora-compositora e nova residente de Houston, Texas. Ela lidera o louvor em sua igreja, adora fazer massas e se sente mais confortável com um café gelado na mão.

Kati é uma esposa, mãe e avó de 48 anos que vive em um corpo com paralisia cerebral. Como houve complicações de uma delicada cirurgia, realizada em 2016, que quase lhe custou a mobilidade, ela foi obrigada a se aposentar por invalidez de uma carreira de quinze anos no serviço militar (como civil), pelo qual era completamente apaixonada. Desde então, ela tem se dedicado à cura e à recuperação de sua mobilidade. Atualmente, é cuidadora em tempo integral de seu neto e professora de ioga certificada, especializada em ioga acessível e em ioga para crianças.

Kim é uma mãe de 42 anos que mora com dois filhos no nordeste dos Estados Unidos. Ela colidera sua igreja ao lado do marido. Kim incentiva mulheres de todas as idades a se fundamentarem em quem são em Cristo e a experimentarem a liberdade que somente ele pode dar.

RWP é uma mulher de quarenta anos que tem servido como missionária no Leste Asiático desde 2008. Ela é casada há dezessete anos, mãe de três pré-adolescentes/adolescentes e prova de que qualquer pessoa pode educar seus filhos em casa. Ela ajudará em qualquer projeto de organização de residências ou de escritórios em troca de uma xícara de café preto.

Sarah é uma fisioterapeuta de trinta anos que atualmente mora em Charleston, Carolina do Sul, com seu marido e sua cachorra, Lucy.

Tiffany é uma esposa de quarenta anos, mãe de cinco filhos e plantadora de igrejas. Originalmente de Nova Jersey, agora vive na área metropolitana de Washington, DC. Em seu tempo livre, ela adora dar aulas de dança, reunir-se com amigos e usar estampas de leopardo e óculos de gato.

Treasure é uma jovem solteira de 25 anos que mora em Detroit. Ela frequenta o seminário e se autodenomina uma entusiasta do café.

AGRADECIMENTOS

Escute, estou falando sério: Toda a glória seja dada a Deus. Obrigada, Jesus! Obrigada por salvar a minha alma e me resgatar do abismo da vergonha, da condenação e do ódio a mim mesma. Cura, esperança, liberdade e saúde sempre foram ideias suas, e eu não poderia estar mais grata por isso.

Stephanie Smith: O seu compromisso sempre vai além do que eu poderia pedir ou imaginar. A maneira como você me conduz por meio do convite sincero e como conduz as massas por meio da edição é algo a ser admirado.

Mãe, Gibson, Rubes, Josh e Caroline: Obrigada por se sentarem na varanda naquele dia de abril e por me darem permissão e encorajamento para escrever rápida, furiosa e fervorosamente. Obrigada por me amarem em meio à minha própria cura e por sonharem comigo sobre esta mensagem.

Jenni Burke: Você tem estado tão presente para mim e para as mulheres de Deus por meio do seu trabalho! Sou grata pela sua vida e estou muito feliz por podermos ser as garotas mais agradecidas por publicar juntas.

Kristen, Britt, Hannah, Gabby e Tiffany: Vocês foram as parteiras desta missão em particular, e estarei sempre no seu time.

Alicia Kasen: Obrigada por amar este livro com todo o seu coração, alma, mente e força.

Anna, Brenna, Henslee, Caroline e Abbey: Vocês sempre foram as garotas certas para o trabalho. Obrigada por enfrentarem este desafio comigo.

Alisa Keeton: Você é uma pastora, uma profetisa e uma amiga de enorme valor. Obrigada por lutar comigo e por mim no trono da graça.

Jensine, Tiffany, Kim, Kati, Sarah, Treasure, Jillana, Ari e RWP: Agradeço a cada uma de vocês por compartilharem sua história e fazerem parte deste projeto.

Glória: Obrigada por ser a garota mais confiante em Deus que eu conheço.

Elias, Benja e Cannon: Continuem sendo parte da solução. As mulheres da sua geração precisam de homens fortes que amem e liderem em liberdade. É isso o que vocês são.

Nick: Não acredito que haja um homem na terra que tenha defendido a verdadeira liberdade das mulheres mais do que você. Sustento essa afirmação e devo muito deste trabalho ao seu encorajamento.